Para

_____

De

_____

Fecha

_____

Descubriendo

A Belial

EN MEDIO DE LA CONGREGACIÓN
DE LOS SANTOS

Descubriendo A Belial

EN MEDIO DE LA CONGREGACIÓN DE LOS SANTOS

JOSÉ Y LIDIA ZAPICO

*A*lcanzar las naciones llevando la autenticidad de la revelación de la Palabra de Dios, para incrementar la fe y el conocimiento de todos aquellos que lo anhelan fervientemente; esto, por medio de libros y materiales de audio y video.

Descubriendo a Belial

ISBN: 1-59900-002-4

Primera edición 2005

Portada diseñada por: JVH Design

Citas bíblicas tomadas de la Santa Biblia, Revisión 1960
©Sociedades Bíblicas Unidas

Categoría: Demonología

Publicado por: JVH Publications

Impreso por: JVH Printing
Impreso en Colombia

Dedicatoria

Dedicamos este libro a aquellos que han luchado a nuestro lado como verdaderos guerreros. A todo el grupo de intercesión, que se congrega en la Iglesia El Rey Jesús Broward, y a toda la fiel congregación que paso del "Teatro Walter C. Young" al templo que el Señor nos dio. A todos aquellos que, de una forma directa o indirecta, han sido afectados por los dardos de Satanás. También, a quienes se han dejado moldear por el Espíritu Santo, teniendo hambre de la presencia de Dios.

Este libro está dedicado a todos los victoriosos en Cristo, que esperan la corona de vida.

Los Pastores José y Lidia Zapico

Agradecimiento

Queremos agradecer, de una forma muy especial, a nuestro Señor Jesucristo por todos estos años de ministerio, en los cuales el Espíritu Santo nos ha dado una profunda inquietud y revelación de su Palabra para exponer a la luz las obras del maligno.

También, agradecemos a Henry y Catalina Patiño, por su ayuda incondicional en la elaboración de este proyecto.

Índice

INTRODUCCIÓN

Hemos observado la necesidad de profundizar en este tema para revelar, a la Iglesia del Señor Jesucristo, los espíritus más peligrosos que se mueven en estos últimos tiempos; y que están atacando y perpetuando con sus planes maléficos.

Los cristianos están siendo atacados (y muchos son presa de estas agresiones), pero a la vez, hay una ignorancia y apatía que cierra los ojos espirituales para no poder discernir lo que se mueve y las consecuencias que esto genera.

Son muchos los que se exponen a situaciones difíciles al ignorar el estado espiritual en que se encuentran. Hoy día Satanás está utilizando diferentes tácticas, y es en ellas que vamos a profundizar.

El enemigo está empeñado en desviar la mirada del verdadero propósito de Dios, y lo logra al traer un espíritu de distracción; el cual analizaremos más adelante para poder detectar cómo engaña y penetra, logrando así su fin, que es debilitar al hijo de Dios y mantenerlo en derrota (convirtiéndolo en un cristiano tibio).

Satanás no quiere que se lleven a cabo los planes divinos de Dios para cada uno de los "llamados". Lamentablemente, no todos los "llamados" entrarán a conquistar totalmente estos planes. La palabra dice: *"Muchos son los llamados y pocos los escogidos"*.

Tenemos tres categorías de cristianos, que si no toman medidas determinantes y firmes en su caminar, no lograrán pasar a ser los escogidos, veamos cuáles son:

1. Los distraídos o ignorantes de las cosas espirituales y de lo que sucede alrededor. (En cualquier momento caen presos en redes difíciles de salir).

2. Los que tienen puertas abiertas, pecados ocultos. (Son pan comido por los demonios por causa de su pecado).

3. Los que están debilitados espiritualmente por los espíritus de maldad y están en la **fase de tibieza**. (Éstos están listos para ser vomitados afuera del cuerpo de Cristo).

Cualquiera de estas tres condiciones, mencionadas anteriormente, es un estado espiritual que lo podemos definir como **"cristianos derrotados"**. La derrota es una maldición advertida por el Señor, que caería a los que desobedecen sus mandamientos. (Deuteronomio 28.25). La palabra "derrotado" significa: *herir, arrebatar, caer, castigar*.

Este libro tiene el propósito de revelar al lector, de una forma práctica, los espíritus más peligrosos que se mueven en estos últimos tiempos. Esto es, con el fin de discernir la manera en que los espíritus inmundos (enviados para llevar a cabo planes maléficos) operan y cautivan los cuerpos y las mentes de los hijos de Dios en la tierra.

Recordemos las advertencias del Señor a la iglesia de Laodicea, en el libro de Apocalipsis 3.14. El mensaje era dirigido al creyente tibio, por sus consecuencias; que a la vez, por dicha tibieza, sería vomitado. Lo que significa: *"ser echado del cuerpo hacia fuera"*.

Eso implica, claramente, que si un espíritu de las tinieblas logra sacarle la energía espiritual a un cristiano, es porque hay una tibieza en él; motivo por el cual, el espíritu inmundo sabrá que éste es un candidato a ser "echado", y con esto, dejar de ser la novia de Cristo para ser la novia de Satanás. Se ha preguntado usted ¿cuántos cristianos existen, sentados en las bancas de la iglesia, que son novias de Satanás y lo ignoran? ¡Oh, si que los hay! Porque desconocen cómo operan las leyes dentro del mundo espiritual.

Simplemente, o es miembro activo del cuerpo de Cristo, o es hecho prisionero dentro del vientre del hades; no hay una tercera opción.

- Pertenecemos al espíritu de Belial, o somos de Cristo.

- Somos la virgen escogida, o somos la gran ramera.

- Somos engendrados del cuerpo de Cristo, o tenemos el engendro del espíritu del mundo.
- Estamos en la luz, o estamos en las tinieblas.

Por eso, se profetizó que vendría el espíritu de Elías nuevamente en nuestros tiempos; para hacer la diferencia, para dividir o separar de lo contaminado.

Satanás siempre ha odiado a la humanidad, al hombre y a la mujer. Su ataque perverso es contra la creación de Dios. No obstante, los ataques contra el hombre han sido dirigidos a dañar la imagen del Creador y contaminarlo con la imagen del terrenal.

La pornografía es un vehículo o puerta abierta a los espíritus inmundos de bajeza e inmoralidad, para denigrar y deteriorar esa imagen varonil (que es la imagen de Dios), convirtiéndola en una cueva de inmundicia. Lo mismo que la lascivia (muy normal hoy día para muchos), la degradación, las orgías sexuales, sodomías, incesto, lujuria, sexo con niños (pedofilia), masoquismo, vampirismo y toda clase de perversión. Los ataques diarios son con todo lo que tiene que ver con inmoralidad.

Declaramos hoy, con la unción profética que se derrama sobre nuestra vida, que viene una manifestación poderosa de Dios sobre las naciones. Y este avivamiento nos colocará en una confrontación abierta contra las tinieblas; levantando en alto la espada de Dios que corta y separa, para establecer los fundamentos inconmovibles del Espíritu de Revelación y Verdad. Desarraigando el ocultismo, la hechicería y el pecado, para establecer la santidad; y de esta manera, hacer una separación definitiva, entre lo puro y lo profano, entre lo verdadero y lo falso.

¡Esta es la hora de que te levantes, para ser parte de la manifestación más grande del Reino de Dios en contra de las huestes del mal!

Capítulo I

Detectando a Belial en la Congregación de los Santos

Cuando hablamos de Belial, nos estamos refiriendo a la misma esencia del mal, a lo opuesto del bien. Belial viene a **contaminar** lo que está separado (santo) para Dios.

Cuando hablamos de contaminar, nos estamos refiriendo a personas que llamaremos canales, vehículos o instrumentos de Satanás. Estos se convierten en venas espirituales que las personas abren en el momento que pecan. Al vivir en continuo pecado, los demonios usan esos canales o venas para entrar y salir; logrando así sus fines sin que, en muchas ocasiones, las personas lo sepan. Es de hacer notar, que estas mismas personas traen contaminación a los objetivos para los cuales fue dirigida una persona, una familia o una Iglesia.

Teniendo en cuenta que la palabra **contaminar** es sinónimo de infectar o contagiar, ¿qué puede lograr el espíritu de Belial dentro de una congregación?

Infección, exactamente eso, **contaminación** para que el pecado se extienda hasta dañar el cuerpo de Cristo. Sólo un milagro hace que un cuerpo humano, lleno de lepra o cáncer, vuelva a ser como fue en un principio.

Hay diferentes formas de contaminación, pero generalmente se repite un patrón bien marcado: la **desobediencia.**

Muchos se harán la siguiente pregunta: ¿puede tocar a alguien una maldición si haber causa? claro que no, la maldición hace efecto cuando hay huella de pecado o se persiste en pecar. A esto le llamaremos abrir puertas al pecado. Esa puerta es la que conoce Belial, y por causa de esa puerta abierta, es que él colocará la maldad o el daño.

Veamos la contaminación más simple: el temor que, aunque parezca insignificante, es una puerta abierta, ya que se inclina más a la duda y a la incredulidad que a la fe. Esta condición abrirá puertas tanto a la confusión como a:

- Murmurar
- Mentir
- No ser transparentes en los pensamientos y forma de ser
- Mirar con lujuria a un hombre o a una mujer

¿Cómo puede prosperar una maldición mandada por un brujo?

Los demonios de maldición pueden ser colocados por los brujos sobre cualquier persona u objeto, ya sea en prendas de vestir, flores, libros, cartas, regalos, etcétera. Hace unos meses atrás, en un ayuno, el Señor me reveló cómo puede trabajar el espíritu de Belial (maldad), de la siguiente manera:

En la mesa de jugar billar tenemos tres bolas de diferentes colores, suponiendo: roja, negra y amarilla. ¡El objetivo es golpear a la amarilla para que entre en el hueco, y así ganar! Pero se necesita golpear la negra contra la roja para que la roja golpee a la amarilla. Parece fácil, pero no es así, hay que hacer un triangulo. La amarilla sintió el golpetazo de la bola roja, que la embistió de tal forma, que la arrojó sin piedad hasta su final fatal. Pero, ¿quién golpeó a la amarilla realmente? ¿No fue la negra usando la roja? Claro, así trabaja Satanás. Para llegar a un líder o a un pastor debe golpear primero al eslabón más débil que rodea al pastor o líder, para de una vez golpear al Pastor.

Esto lo hace Belial para que la responsabilidad caiga sobre el más débil, siendo éste tomado como el canal de Satanás; que al fin de cuentas, es el que está detrás de toda la jugada. Y ahora, la última pregunta: ¿quién golpeó la bola negra? El mismo Belial.

Cuando el espíritu de maldad quiere derribar o maldecir algo, usa a otro para que él no sea descubierto. Así comienzan las peleas entre los líderes y también entre los creyentes. Hay división, chisme sin aclarar, enredos y ofensas, mientras el impostor escondido y calladito se ríe a espaldas de todos. La batalla no es contra la persona, sino contra el espíritu de destrucción y maldad que opera dentro de ella; pues, simplemente, es una víctima de Satanás.

El hecho de que un pecado persista en una persona que se dice ser cristiana, da lugar, sin duda alguna, a que éste eche raíz dentro de su corazón y se convierta en maldición. Las personas enviadas por Satanás para destruir congregaciones cristianas, sólo pueden echar maldición sobre maldición. Donde hay una puerta abierta al pecado mandan varios demonios para que la persona quede más atada.

Para conocer la profundidad del mal y sus consecuencias, tenemos que comprender cómo actúa el espíritu del mal y hasta qué punto llega; dejando huellas intensas.

Muchas congregaciones, alrededor del mundo, están siendo atacadas directamente por personas enviadas por Satanás para destruir, si pudiera, el liderazgo y la congregación en sí.

Por ignorar las estrategias del enemigo, en un corto tiempo, la maldad (siempre basada en brujería, hechicería y encantamiento) logrará sus planes, tales como:

- Destruir ministerios
- Debilitar a los cristianos
- Atacar directamente con desánimo al pastor
- Cansancio espiritual acoplado al físico
- Bloqueos mentales, falta de concentración

Si no se disciernen los síntomas a tiempo y se toma una medida agresiva contra las obras del mal, el espíritu de maldad (Belial) habrá logrado su objetivo: extinguir totalmente a la congregación.

Se necesita, urgentemente, el espíritu de discernimiento que tanto escasea en el liderazgo hoy día, para detectar y conocer cómo este espíritu opera; y así desarraigarlo. Primeramente, al percibirlo, resistirlo en el Nombre de Jesús, con la Palabra de Dios e intercesión. Al sacarlo a la luz, no resistirá la autoridad del Señor. Y aunque se manifieste mandando sus dardos de venganza, el pastor y la congregación tienen que aprender a vivir bajo la protección de la Sangre de Cristo.

¿Cómo detectar los instrumentos de Satanás?

El espíritu de Belial, es el espíritu que opera en los satanistas de alto rango, éste maldice la congregación, maldice el bautismo en aguas y tira dardos de fuego a los más débiles para aniquilarlos. Además, conoce las debilidades de cada uno y por medio de ellas comienza a atacar a las personas. La persona que está bajo esta influencia, prontamente reincidirá en su pecado.

☞ Generalmente, cuando el pastor está predicando entra en trance, haciéndose el espiritual o el que ora. Esto lo hace cerrando los ojos y quedándose quieto por largo rato.

☞ Llega temprano y quiere ayudar en todo. Es seguro que ya canta en el coro o es líder de un grupo familiar; lo importante es ganar ventaja y escalar puestos para controlar.

☞ Tuerce la orden del pastor o la del líder.

☞ Aparenta santidad, pero dentro de él opera la rebelión; no logran obedecer. Si se le observa atentamente, hace lo contrario a lo ordenado.

☞ Cuando se le llama la atención, forma escándalos y amenazas, prometiendo denunciar el caso y llamar a los involucrados.

¿Por qué los líderes no reaccionan a los primeros síntomas?

Lo primero que el espíritu de engaño hace, es mandar un espíritu de encantamiento a los líderes. Estos son lazos y velos espirituales de hechicería que logran enceguecer las facultades espirituales del entendimiento para no discernir la situación.

Lamentablemente, algunos siervos de Dios se niegan a creer en la liberación y, generalmente, son aquellos que no operan bajo los dones del Espíritu Santo ni en milagros ni en la unción de liberación. Más bien, niegan las operaciones milagrosas sobrenaturales de Dios. Por causa de este espíritu de incredulidad, Satanás logra sus planes; que como hemos mencionado anteriormente, es destruir o enfriar al cristiano. Si este siervo opera bajo una apatía espiritual, poco trabajo tendrá que hacer el enemigo en esa congregación, mas bien, se ira a otro lugar para perpetuar sus planes maléficos.

Recuerde: El Espíritu Santo es fiel a todos aquellos que le piden ayuda; sea cual sea la necesidad. Él quiere que cada hijo de Dios dependa de Él y no de la propia intelectualidad humana. Él, como ayudador divino, nos guía a toda verdad y ministra de una forma especial a cada uno.

Capítulo II

¿Qué son y Cómo Operan los Canales Dentro de las Congregaciones?

Belial como canal permanente de maldad

Estas personas usadas como canales permanentes se pueden definir, claramente, como los instrumentos de Satanás. Estas hacen y actúan según lo que el Diablo quiere que hagan, sufren de doble personalidad, se les ve tranquilas, aunque un poco aisladas; sin embargo, cuando el enemigo quiere usarlas contra un fiel cristiano, vuelcan su veneno, odio, chisme o murmuración donde sea. Esto lo hacen con astucia y malicia, contaminando y perjudicando a los demás. Reservan el veneno para la ocasión propicia y, en el momento indicado, pican a su víctima.

De esta manera es, que en ocasiones, hay personas que se hieren y se van de la iglesia sin que nadie sepa por qué. ¡La serpiente en lo oculto (a través de estos canales) los ha picado!

Satanás tiene que manifestarse a través de un cuerpo humano. Estas son personas entregadas al mal, preparadas para ser usadas para la destrucción. Satanás envía a sus agentes, los cuales se han iniciado en la Brujería, hechicería y que han hecho pacto blasfemo con las tinieblas, para lograr sus planes contra aquellos que odia.

El espíritu sin cuerpo no puede hacer efectivo su ataque contra la Iglesia o los siervos de Dios. No obstante, sólo logrará su propósito con personas débiles, especialmente en las noches, debilitándolas a través de sueños; medio por el cual puede desgastar a la víctima y lograr su objetivo, que es extenuarla. (Vea el capítulo "Manifestación del Espíritu de Lilith").

¿Cómo las personas se convierten en esos canales?.

- Por pactos directos con Satanás.
- A través de ritos y sacrificios
- Prácticas de hechicería, santería, espiritismo, voodoo, palería y toda obra oculta de las tinieblas.
- Viviendo constantemente en desobediencia a Dios y a sus mandamientos, en contacto con Satanás, tocando lo inmundo.
- Cuando viven maldiciendo y el odio ha tomado sus almas.

¿Cuáles son las razones por las cuales estas personas se vuelven canales directos de Satanás?

- Sus padres o familiares estaban envueltos en prácticas de ocultismo (herencias familiares).

- Un dolor muy profundo por alguna causa dia-bólica, que ha ocasionado que el espíritu de venganza y odio se manifieste en la persona. En consecuencia, la ha llevado a enceguecerse y desearle el mal a los demás. (Son presas útiles para los planes infernales).

- Personas que han practicado brujería, santería o cualquier práctica prohibida por las escrituras; y se congregan guardando en sus casas prendas u objetos consagrados a los demonios.

Muchas más serían las causas, pero lo que nos interesa es comprender cómo operan esos "canales" en las manos de Satanás.

Canales transitorios

Toda persona que ha pactado con Satanás para servirle, estará propenso a ser usado con el propósito de destruir a la "iglesia local". ¿Cómo lo harán? Se entremezclarán en las congregaciones cristianas para soltar sus operaciones maléficas a otros.

¡Cuidado! Toda persona que vive en pecado podrá ser presa de estos ataques enviados por los satanistas dentro de la Iglesia. ¿Cómo será esto?:

1. **La confundirá hasta sacarla de la voluntad perfecta de Dios.**

Esto lo hará mandándole espíritus de confusión hasta que logre debilitarla y apartarla de los caminos del Señor. A otras, literalmente, las sacará de la Iglesia. La pregunta sería: ¿Si se van a otro redil, siguen dentro del cuerpo de Cristo? reflexionemos en este caso. La mayoría de las personas que se van de una "Iglesia local" bajo este ataque satánico, se marchan bajo desobediencia, porque no fue el espíritu de Cristo que los movió, sino que actuaron bajo un ataque de Belial. Esa persona quedará sin cobertura espiritual hasta que sea liberada y se rompa esa opresión que fue enviada a su vida.

2. **Los espíritus inmundos entrarán por las puertas abiertas de pecado en sus vidas.**

De esta forma, lograrán hacer un canal por medio del cual el espíritu de Belial, que posee el satanista, controlará y operará a través de ellos.

Muchas veces, hemos leído la sugerencia de Pedro a Jesús (expresadas antes de la crucifixión de Cristo), hablada al oído en voz baja; algo así como un susurro (táctica usada por Satanás para reconvenir o endulzar el oído con engaño). Jesús sabía de quién provenían esas palabras, por tal motivo, le llama Satanás a Pedro. ¿Cómo pudo aquel que instantes anteriores confesaba con su boca que Jesús era el Cristo, ahora convertirse en un instrumento de Satanás?

"Entonces él les dijo: y vosotros, ¿quién decís que soy? Respondiendo Pedro, le dijo: tú eres el Cristo. Pero él les mandó que no dijesen esto de él a ninguno. Y comenzó a enseñarles que le era necesario al Hijo del Hombre padecer mucho, y ser desechado por los ancianos, por los principales sacerdotes y por los escribas, y ser muerto, y resucitar después de tres días. Esto les decía claramente. Entonces Pedro le tomó aparte y comenzó a reconvenirle. Pero él, volviéndose y mirando a los discípulos, reprendió a Pedro, diciendo: ¡Quítate de delante de mí, Satanás! porque no pones la mira en las cosas de Dios, sino en las de los hombres". Marcos 8.29 - 33

Pedro estaba creyendo en Jesús como su salvador, pero su mente no concibió la idea de que Jesús tenía que padecer en manos de los escribas y fariseos. No entendía ese proceso, aun no le alcanzaba la totalidad del discernimiento para obtener una explicación del por qué tenían que acontecer las cosas de esta manera. Por causa de ese bache o espacio en su mente, él abrió puertas a pensamientos erróneos acerca de la decisión del Maestro. Sin él saberlo, abrió una puerta en su mente; convirtiéndose en un canal o instrumento de Satanás. Supuestamente, le dijo: *"no vayas, no dejes que te maten..."* tratando de convencerlo.

El caso de Pedro, en la Biblia, lo podremos llamar un caso característico de los *"canales transitorios"*. Sin saberlo, por la ignorancia al mundo espiritual, se pueden murmurar cosas absurdas con respeto a la situación verdadera.

Ciertamente, se puede observar que cualquiera que no camina en la perfecta voluntad de Dios puede ser influenciado por el espíritu de Belial.

Esta es una de las razones por la cual estos "creyentes" nunca prosperan en su vida espiritual ni alcanzan a tener logros de triunfo en su vida cristiana, más bien, se estancan, son fluctuantes y la mayoría de las veces problemáticos tanto para los pastores como para las ovejas fieles. Esto lo podemos observar en aquellos que siempre ven los defectos de los demás criticando con ansias, supuestamente "muy religiosas", por eso vacilan y cambian de congregación continuamente en busca de la Iglesia perfecta.

Hay una diferencia marcada entre las personas que:

- Conocen realmente la voz de Dios
- Andan conforme a la voluntad perfecta de Dios y no conforme a este mundo (Romanos 12.1)

Y las que:

- No obedecen la voz de Dios
- Caminan conforme a su propia voluntad
- Participan de las obras del mundo

¿Cuáles son los síntomas, en una congregación cristiana, de que Satanás ha enviado a sus "agentes o canales" para desintegrarla?

Si tú o tu iglesia tiene uno de los síntomas que vamos a mencionar más adelante, ha llegado la hora de convocar a la congregación para interceder fuertemente por esta situación, y así, confrontar y destruir el espíritu de Belial.

Uno de los espíritus que se encarga de colaborar con la obra de Satanás y ayuda a la desintegración del verdadero amor entre los hermanos, es el espíritu religioso, legalista y de condenación, ya que el acusador no tiene que hacer el trabajo, pues ha delegado esta tarea a los mismos "hermanos", enviándoles entre ellos su áspid de:

- Chisme
- Resentimiento

- Apariencia religiosa
- Inestabilidad espiritual

Si logra apagar el fuego verdadero en la congregación y logra entrar el conformismo y el estancamiento, ya no perderá el tiempo en atacarla, porque llegó al nivel de frialdad a que se refiere Apocalipsis 3.15, 16

"Yo conozco tus obras, que ni eres frío ni caliente. ¡Ojalá fueses frío o caliente! Pero por cuanto eres tibio, y no frío ni caliente, te vomitaré de mi boca".

Satanás ataca a las Iglesias que están en avivamiento, llenas de poder de milagros y sanidades, que buscan su rostro y evangelizan. Lo primero que hará Belial es tratar de paralizar la oración corporativa y la evangelización.

Veamos los síntomas que presenta una congregación que está bajo ataque directo de Satanás.

- Los líderes y las personas más cercanas al pastor comenzarán a cambiar su forma de ser.

- Habrá un desánimo generalizado y contagioso.

- Habrá confusión en las mentes y malos entendidos.

- Comenzarán a brotar chismes maliciosos que dañarán a los cristianos nuevos y a los que aún no están firmes.

- Se agigantarán los conflictos en el grupo que preside la alabanza.

- Habrá división en la intercesión.

33

- Comenzarán a haber resentimientos y peleas entre los líderes.

- En los cultos de oración estarán apenas la décima parte de los que generalmente asisten.

- Muchos creyentes comenzarán a enfermarse.

- Habrán accidentes de carros.

- Habrán dificultades financieras constantemente.

- Se levantará desconfianza del uno para el otro.

- Las pequeñas querellas se transformarán en madejas de lana, difíciles para resolver.

- Algunas veces, se sentirá pesadez y sueño durante los servicios.

- Prontamente, se romperá drásticamente un ministerio interno y se disolverá sin remedio.

- El pastor no dará a vasto para resolver los problemas; eso lo frustrará y lo hará sentir inseguro y con deseos de abandonar su labor.

- La contaminación avanzará y parecerá que no hay solución a los problemas.

- Muchos, sin confesarlo, se sentirán agotados y con cansancio físico y espiritual.

- En los jóvenes, se manifestará un espíritu de rebelión.

- Muchas jovencitas caerán en estado de embarazo sin casarse.

- Algunas veces, se descubrirán líderes en pecado y se dispersarán las ovejas.

- Los matrimonios serán atacados en sus relaciones personales.

- La confusión se notará en las mentes con malos entendidos.

- Las finanzas abundantes de la Iglesia se detendrán.

- La gente perderá la fe en los nuevos proyectos al no ver el progreso de los ya presentes.

- La gente se comenzará a ir de la Iglesia sin causa.

No te extrañes si comienza a operar alguna de estas características cerca de ti. ¡Ahora ya sabes quién es el que está operando, Belial!

Ya es hora de tomar medidas drásticas en Cristo y comenzar a pelear contra las obras de Satanás.

Capítulo III

¿Quién es Belial?

Definición del nombre de Belial

➤ Algunos eruditos lo traducen del hebreo como "Sin valor" /yo'il de Beli/. No acepta la espiritualidad, es puramente materialismo, sin sentimientos; de la materia. La palabra "sin valor" sale de /beli-ya'al/: /Beli/ (sin) /ya'al/ (ganancia). Por consiguiente, "sin valor", "despreciable". Otra palabra es /bala/ que significa tragar, sumergir; así el nombre describiría, en primer lugar, al Seol como "el tragador". *NDB Directores J d Douglas N Hillyer.

➤ También se traduce como: "Belhor, Baal-ial, Beliar, Beliall, Beliel" nombre de un demonio en el Antiguo Testamento. /Baal-yam/ (señor del Mar). Mar espiritualmente en forma simbólica es: "masa humana". *NDB Directores J d Douglas N Hillyer.

➤ En la literatura intertestamentaria y en el Nuevo Testamento es sinónimo de Satanás. Está identificado como "Satán" mismo. *NDB Directores J d Douglas N Hillyer.

➤ Es identificado con Samael, y se llama "el ángel de la anarquía", "la regla de este mundo" y "el padre de naciones idólatras".

☞ Mientras que otros lo traducen como /sin yugo/ /ol de Beli/ "no puede tener nunca levantamiento".

☞ De Belial salen "los hijos de Belial" (véase más adelante) "los que hacen el mal", "hombres impíos". Estos son nombrados específicamente en el Antiguo Testamento.

☞ Belial viene del hebreo y significa: "sin amo", "que no tiene amo", "anarquía", y simboliza "independencia", "autosuficiencia" y "la realización personal". Este simbolismo representa la doctrina central de la Nueva Era, pues se basa en la exaltación del "YO". El hombre contaminado por la maldad (espíritu de Belial) tiene la mente reprobada, vive para la carne, el materialismo y el egoísmo.

☞ Belial significa "una persona muy mala". Perverso, malvado, desenfrenado, vil. *NDB Directores J d Douglas N Hillyer.

☞ Belial, es la naturaleza humana (en las epístolas del Apóstol Pablo, a esta naturaleza, se le llama las obras de la carne o carnalidad), material, animal (no espiritual), no generosa (egoísta).

☞ Belial se conoce como "la fuerza del placer" y su definición es: "el amo de la tierra". Como lo mencionamos anteriormente, Belial es el lado carnal del hombre, pues genera impulsiones del yo que lo hacen estar en estimulación continuamente viva, llamada lujuria, que a su vez es el placer desenfrenado o bestial; el placer depravado. Unido a Lilith (espíritu de la noche) produce más desenfreno inmoral, atrayendo al espíritu incubo y súcubo (véase más adelante).

- Belial está ligado a todo lo lujurioso, lo depravado, lascivo, ingobernable, insensible (muerto a los sentimientos buenos), libertino (sin ley), corrupto, incontrolado, sensual e impuro.

- Belial se considera como la fuente de seducción, la fuente de la impureza y de la mentira, relacionado con el pecado original.

Según la definición de los comentaristas, Belial es también /Belir/, que fue "rey de los infiernos", creado después de Lucifer y uno de los más poderosos, uno de los primeros en revelarse. Antes perteneciente a la Orden de las Virtudes y de los Arcángeles, ahora es el más vicioso de los demonios, muy atractivo. El libro de Apocalipsis le menciona llamándole "La Bestia". En las escrituras de los primeros siglos de la era cristiana, Belial fue identificado primeramente como un ángel de confusión y de lujuria, siendo como Jesús lo llamó: "Padre de mentira".

Veamos otro comentario secular: "Belial es uno de los varios príncipes preponderantes del infierno. Es uno de los cuatro principados que invocan los satanistas para sus rituales; personificándose como un espíritu de alto rango y de alto calibre".

Si los ocultistas tienen a Belial en alta estima y como uno de los cuatro principales demonios del infierno, entonces debemos aprender cómo lidiar con esta fortaleza, ya que se filtra en las congregaciones para destruir a los santos. Este espíritu afecta (cuando ha sido enviado con propósitos específicos) porque su tarea es destruir, maldecir y contaminar lo que proviene de Dios. Esta potestad viene para atacar a los fieles y tratar de destruir su fe.

El hombre contaminado por la maldad (Belial) tiene la mente reprobada, y como lo mencionamos anteriormente, vive para la carne, el materialismo, el egoísmo y se cree el amo del propio cuerpo y del yo (la gran enseñanza de la Nueva era). Por tal razón, la naturaleza humana debe ser crucificada con Cristo. El viejo hombre y sus pasiones deben morir, porque mientras la carne esté viva y tenga la oportunidad de actuar, habrá tinieblas dentro del ser humano.

También Pablo se refiere, en sus cartas apostólicas, al dios de este siglo como al baal de la raza humana no redimida; ya que representa esos impulsos pecaminosos que exaltan lo desenfrenado y la anarquía, sin amo y sin corrección.

"...en los cuales el dios de este siglo cegó el entendimiento de los incrédulos, para que no les resplandezca la luz del evangelio de la gloria de Cristo, el cual es la imagen de Dios". 2 Corintios 4.4

El Apóstol Pablo se refiere a Belial como a Satán cuando en la epístola a los Corintios pregunta: "¿qué comunión tiene la luz con las tinieblas? ¿Cristo con Belial? Lo opuesto a la luz son las tinieblas, lo opuesto a la verdad es la mentira, lo falso, el engaño. Por consiguiente, tengamos bien en cuenta que Satanás siempre ha querido entremezclar lo negro con lo blanco, lo puro con lo impuro. Pero Dios mismo en su palabra, a través de los profetas y aun de sus propias enseñanzas, se encargó de marcar la diferencia entre lo santo y lo profano, lo puro de lo inmundo. Por tal motivo, las tinieblas nunca podrán mezclarse con la luz. Dios desde el principio estableció la diferencia, es decir, que son los polos opuestos.

Jesucristo mismo dio mensajes por revelación y visión al Apóstol Juan en la Iglesia de Tiatira; los exhortó a "no tolerar" a esa mujer llamada Jezabel, que induce a fornicar a los hijos de Dios. La palabra tolerar en griego significa: /eao/ permitir, no refrenar, consentir, ceder.

La tolerancia en medio de "los creyentes", que viven supuestamente en la verdad, es permitirle a la maldad actuar en ellos, y eso hace que traspasen la línea marcada por Dios mismo. Todo aquel que tolera el pecado se coloca en un lugar peligroso, porque al traspasar la línea marcada por Dios "mezclan" la verdad con la mentira, y en esta acción se mueve la confusión.

La palabra es bien clara cuando establece la diferencia entre estas dos acciones, esta línea de separación marcada por Dios mismo se llama, en el Tabernáculo de reunión de Moisés, vallado o cerca. Esta cerca mantenía la diferencia entre lo profano (gentil) y lo santo (escogido).

Cristo advirtió acerca de eso y exhortó a tener en cuenta esta verdad y a autoanalizarse.

"La lámpara del cuerpo es el ojo; así que, si tu ojo es bueno, todo tu cuerpo estará lleno de luz; pero si tu ojo es maligno, todo tu cuerpo estará en tinieblas. Así que, si la luz que en ti hay es tinieblas, ¿cuántas no serán las mismas tinieblas?"
Mateo 6.22, 23

¿Cómo puede suceder eso? El "lucero de la mañana" que se reveló contra Dios era una "luciente estrella", también denominado como portador de luz. Este era el nombre latino del planeta Venus, el objeto más brillante después del sol y la luna que se ve en la tarde y en la mañana. Los babilonios y los asirios personificaban a la "estrella de la mañana" como *"Belit" e "Istar"*. * NDB Directores J d Douglas N Hillyer.

Belial está en todo lo que tenga conexión con:

- Invocación a los espíritus del Seol
- Espíritus de muerte
- Infierno
- Abismo
- Hipnotismo
- Telepatía (tercer ojo)
- Satanismo
- Invocación a los espíritus encarcelados, que viven en oscuridad y en cuevas subterráneas
- Espíritus de tortura en mazmorra y oscuridad
- Invocación a los muertos
- Espíritus de la noche (Lilith, espíritus atormentadores que atacan a través de sueños, haciendo sentir sensaciones en los órganos sexuales. Cabecilla de muchos otros como el espíritu de lascivia, vampirismo, rechazo a lo natural, separación

dentro del matrimonio, pensamientos homose- xuales, impotencia y frigidez). En el capítulo VIII, encontrará más amplitud acerca del tema.

La descripción de las características de Belial en la tierra también se asocian con la carnalidad. Belial es el lado carnal del hombre, la lujuria de los ojos, el sexo desviado, el placer erótico, todo lo que con- cierne a perversidad carnal.

¿Cómo combatir a Belial?

"Mas los impíos serán todos ellos como espinos arrancados, los cuales nadie toma con la mano; sino que el que quiere tocarlos se arma de hierro y de asta de lanza, y son del todo quemados en su lugar". 2 Samuel 23.6, 7

Estas son unas de sus últimas palabras antes de mo- rir. David se estaba refiriendo a Nabal, Simei y todas las personas que tuvo que confrontar durante su mi- nisterio.

Por inspiración divina, David habló que *los impíos* (hijos de Belial) son como **espinos arrancados**. David uso estas palabras con mucha intención y con re- velación del Espíritu de Dios. Pues, al hablar de los impíos propiamente se estaba refiriendo a la gente que se encontraba bajo la influencia de este espíritu de maldad, similar a las espinas. Ciertamente, las espinas no se pueden tocar con las manos sin que se hinquen.

Génesis 3.18 nos habla de la maldición dada por Dios a Adán por no cuidar el huerto que el Creador le había dado, y es por esta razón, que la tierra produciría espinos y zarzas (hierba mala, de mala semilla que el maligno plantaría). El hombre tendría que trabajar la tierra con fatiga para limpiarla, con ardor y molestia. Ya que después de la maldición, la zarza crecería a la par de la buena semilla.

Los hijos de perversión como la mala hierba

Los hijos de Belial (aquellos hijos de perversión) son espinos arrancados usados por Satanás constantemente para herir y dañar a los escogidos de Dios. Pero está escrito, específicamente en el texto mencionado, "que nadie puede tocarlo con la mano". Cualquiera sabe que si se toca la espina con la mano, los resultados serán de dolor, contaminación, ardor y más aquellos que tienen púas venenosas.

Dios prohíbe tocar lo inmundo porque todo aquello que es objeto de maldición lastima la vida tanto física como espiritual. La Palabra lo habla, claramente, y fue dado como orden de parte de Dios. *"Por lo cual, salid de en medio de ellos, y apartaos, dice el Señor, y no toquéis lo inmundo; y yo os recibiré, Y seré para vosotros por Padre, y vosotros me seréis hijos e hijas, dice el Señor Todopoderoso".* (2 Corintios 6.17, 18). Cuando obedecemos, viene la bendición.

Todo lo que la Palabra declara que es inmundo, es considerado no puro; lo contrario a puro, es inmundo. Todo lo contrario a bien, es la maldad. Aquellos que se guardan de tocar lo contaminado y lo vil, Dios ha prometido que recibirán su bendición. Mientras que aquellos que tocan lo inmundo recibirán fuerte consecuencia de dolor. Según David, una barra de hierro, una lanza, o el fuego tienen que ser usados para lidiar con ellos.

El dolor de un aguijón se puede comparar con la picadura del escorpión que arde, así como una picadura ardiente. La picadura no mata, pero el tormento es **perdurable y molesto.** También, es comparado a los instrumentos de tortura usados por los romanos para castigar duramente a sus víctimas.

Recordemos que Jesús tuvo tres fuertes incrustaciones dolorosas en su cuerpo. Él estaba rompiendo la maldición de **las espinas, cardos, picadura de serpiente y escorpiones** para que el hombre fuera redimido de esa tortura dolorosa.

"Entonces castigaré con vara su rebelión, y con azotes sus iniquidades". Salmo 89.32

1. En su cabeza: corona tejida de espinas.
2. En sus manos y pies: incrustaciones hechas por clavos de hierro.
3. En su cuerpo: incrustación por el filo de una lanza romana.

Zarzas y espinos

"Y tú, hijo de hombre, no les temas, ni tengas miedo de sus palabras, aunque te hallas entre **zarzas y espinos, y moras con escorpiones***; no tengas miedo de sus palabras, ni temas delante de ellos, porque son casa rebelde". Ezequiel 2.6*

Al profeta Ezequiel se le mandó predicar en medio de **zarzas y espinos**, no predicaría a los gentiles, sino a los supuestos hijos de Israel que cayeron en rebelión por causa del pecado.

Esta palabra la podemos aplicar a los miembros de la Iglesia, en la cual parte de ellos hoy están contaminados, ya que al tocar lo inmundo, el espíritu de rebelión se activa (desobediencia) y éste a la vez se incrusta en el corazón como picadura de escorpión.

Aquí se vuelve a ver la conexión con los **espinos del desierto** y con **el escorpión**. El escorpión es identificado como la ponzoña de la zarza del desierto. Este es un insecto grande que vive en cuevas calientes en medio del desierto; por lo general a altas temperaturas. Su larga cola tiene el aguijón venenoso, el cual al incrustarse en la carne de la víctima causa gran ardor y dolor.

El Rey David tuvo que lidiar con este espíritu toda su vida. Su ministerio tuvo una contienda constante contra sus enemigos.

El Rey David es figura del reinado de Jesús, su unción y su gobierno. Jesús tuvo una confrontación constante contra el espíritu farisaico y religioso de su tiempo, que resistían los cambios que el Reino de Dios estaba trayendo a través del ministerio de Cristo.

Los Líderes apostólicos tienen que entender la unción que Dios ha depositado sobre ellos, así como el llamado, la autoridad y la estrategia para vencer.

Sólo la unción profética y la apostólica pueden ejecutar los juicios de Dios contra este espíritu.

Capítulo IV

Belial se Casa con Jezabel

Jezabel se une con Belial para realizar su obra

El Rey Acab, esposo de Jezabel, quería la viña de Nabot. Y generalmente, lo que el rey quiere, el rey lo obtiene. Sin embargo, Nabot se resistió a la petición del Rey de comprar su tierra, porque sabía que su viña era su herencia ancestral. Él tenía certeza de la posesión legal de su tierra y debía defender su viña. Por consecuencia, le negó la petición del Rey Acab. (Esta historia se puede leer en *1 Reyes 21*)

Nabot es tipo del hijo de Dios justo que entiende cuál es su herencia. Él entiende que Dios le ha bendecido basado en su fe, sabe que lo que tiene lo ha logrado porque Dios se lo ha dado. Él sabe dónde está parado y lo que le corresponde por herencia prometida.

Cuando el enemigo viene a demandar, a quitar, robar o sustraer tu herencia, declárale: ¡No!

¿Conoces tus derechos como hijo de Dios? ¿Estás reclamando tu herencia en Cristo? o ¿has dejado que Jezabel te la usurpe?

Jezabel, insta a su esposo a que por la fuerza le quite el terreno con la viña a Nabot, y como sola no es tan poderosa como ella supone, necesita a los "hijos de los impíos" para reforzar sus planes diabólicos. Necesita hacer alianza con Belial para que su maldad sea más efectiva y más poderosa. Por tal motivo, es hora de que conozcas tus derechos en Cristo, para que Jezabel no robe tu bendición. El espíritu de maldad saldrá al encuentro de los corazones caprichosos, y mucho más si es para atacar; intentando acabar con la fe del verdadero hijo de Dios.

Jezabel puede ser un espíritu fuerte, pero ella no es toda-poderosa. Jezabel no puede funcionar sola. ¡Ella sí tiene sus debilidades! No puede pararse sola contra la declaración justa. **Ella tiene que formar alianzas con Belial para que se cumpla la obra.**

Belial tipificando la maldad y la injusticia le concede poder a Jezabel para que le aconseje a su esposo tomar la viña por la fuerza. Pero para poderlo lograr, une sus fuerzas con "los hijos de Belial". Ella contrató hombres que juraran en falso, que hablaran con mentiras, pervirtiendo así el testimonio limpio de un verdadero hijo de Dios justo, como lo era Nabot.

Aquí observamos la unión de dos principados juntos, el espíritu de falsedad y acusación, con el de maldad y obstinación carnal. Jezabel sabe que con "los hijos de perversión" logrará sus planes. Por consiguiente, debes saber que se está moviendo cerca de ti cuando:

- Murmullan
- Hay chisme
- Hay contienda
- Hay estafa

- Hay obstáculos en medio de tus finanzas
- prevalece la mentira
- Hay acusaciones falsas
- Hay enredos
- Logran jurar en la corte contra ti en falso
- Se obstaculiza la bendición de Dios

El espíritu de Jezabel roba tu autoridad y autoestima. Este tipifica el control sobre tu mente, la mentira, manipulación y la hechicería.

Ella puede manipular y controlar, pero no puede traer un argumento lo suficientemente fuerte contra el justo; necesita alianza con Belial para lograrlo. En estos tiempos, tenemos el concepto errado que Satán trabaja solo e independiente, y esa es una imagen distorsionada, todo lo contrario, trabaja con su ejército en redes y conexiones.

Hoy más que nunca la maldad se ha unido con un mismo objetivo: tratar de destruir la iglesia verdadera de Jesucristo. Y no es diferente con Jezabel, ya que si fuera tan poderosa, hubiera podido lidiar con Nabot por sí sola, y finalmente, haber obtenido la viña. Pero su debilidad fue expuesta aquí, necesita de otros para llevar a cabo sus planes. Sin embargo, notemos algo importante, Nabot no venció al espíritu de Belial. Él fue un hombre justo, pero la muerte le sobrellevó.

Muchas veces, cuando vemos la destrucción en la vida de personas santas y ungidas, nos preguntamos el por qué Dios permite eso. Pero, lo que realmente hay que entender es que es un enemigo que se está levantando en guerra contra ellas y que se está lidiando con un espíritu de falsa acusación que convence a otros de mentiras. La historia no cambia cuando, por el contrario, nos sucede a nosotros mismos, pues nos preguntamos ¿Por qué Dios, por qué me pasa esto a mí si soy tu hijo(a)? y es porque Satanás es un ladrón y su misión es robar y matar. Él no respeta a nadie ni a nada, hoy más que nunca su odio se ha agigantado contra la humanidad. Él roba la herencia a pesar de que los hijos de Dios son justos como Nabot (1 Reyes 21.10).

Cuando un hijo de Dios se rehúsa a ser controlado por Jezabel, el espíritu de Belial (falsa acusación que convence) se levantará en contra de éste para robarle la herencia y destruirlo. El espíritu de Jezabel obra juntamente con el espíritu de Belial para lograr sus propósitos.

Dilo a ti mismo en voz alta, ¡No me dejaré convencer! Yo soy justo en el Nombre de Jesús y Satanás es el mentiroso.

Si usted va a combatir a Belial, lo tiene que hacer a través de la oración y la guerra espiritual liderada por los pastores o apóstoles, con la unción profética (nunca lo confronte solo sin cobertura).

1. En primer lugar, se debe debilitar al enemigo en la congregación predicando la palabra con revelación.

2. Luego, se debe cortar la alianza de Belial con todo espíritu que haya podido hacer sociedad.

3. Por último, hay que comenzar a rodearlo para debilitarlo hasta echarlo fuera. Si tú no lo haces así, él tomará fuerza y estas alianzas satánicas de potestades de maldad no se darán por vencidas hasta acabar con lo que se han propuesto.

De acuerdo a las Escrituras, se tiene que cortar severamente la unión que se produjo entre Jezabel y Belial, formándose una potestad más fuerte, y desatar el fuego de Dios (la unción) contra esa unión para que venga el juicio completo.

Si tú sabes que has procedido de manera justa y todavía estás siendo acusado falsamente o te están manipulando, sepárate. Declara en el mundo espiritual la separación de la unión entre Jezabel y Belial.

Atrévete a decirle no al Diablo. El problema de muchos cristianos es que no conocen realmente sus derechos como hijos de Dios. Por eso, viven siendo saqueados de las bendiciones maravillosas.

Capítulo V

Belial y la Perversión

Los hijos de Belial

Las traducciones contemporáneas traducen a "Belial" como hombres malvados, o malvados sin valor. La palabra Belial, en el Antiguo Testamento, se encuentra bajo el nombre de "impío", "perversión", y también se identifica como "hombres impíos".

"...hombres impíos que han instigado a los moradores de su ciudad, diciendo: vamos y sirvamos a dioses ajenos, que vosotros no conocisteis"
Deuteronomio 13.13

En las Escrituras, los hijos de Belial causan perturbación para:

- Seducir o tentar a otros para alejarse de los caminos de Dios
- Torcer sus pies para el camino del mal.
- Matar y destruir
- Levantar testimonios falsos
- El desenfreno sexual
- La perversidad
- Quitarle el primer lugar a Dios debido a la excesiva dedicación al deporte, las fiestas y discotecas
- Contaminar por medio de la murmuración o el chisme. La palabra **murmurar** significa: susurrar, cuchichiar, rumorear. Este espíritu de *seducción y cuchicheo* es muy común entre los jóvenes,

haciendo que contaminen a los demás apartándolos para el mundo.

En las congregaciones, hay que detectar y detener el espíritu de sospecha. Este se mueve muy sutilmente, y si no se frena a tiempo, puede contaminar a otros.

Satanás induce al ser humano a la murmuración, provocada por un espíritu de rebelión escondido en el corazón, intentando producir lo siguiente:

- Sospecha y desconfianza hacia los demás
- Doblez de mente
- Falta de sujeción
- Rebeldía en el corazón (escondida)
- Falta de sometimiento a la autoridad
- Tristeza
- Atadura espiritual
- Ceguera
- Obstrucción en lo oídos espirituales para no oír la verdad, sólo se oye la queja. Es muy importante orar por los oídos espirituales, para que sólo se oiga la voz de Dios y se cierren los oídos a la voz de los demonios. Esto es a:

   - La murmuración y queja
   - La falta de sujeción a la autoridad
   - Chisme
   - La duda
   - La sospecha
   - El encantamiento satánico.

Hay velos mágicos tirados sobre la mente y, a veces, entran tanto por los oídos como por lo que se ve. El

Señor dice a la Iglesia en Apocalipsis: *"y unge tus ojos con colirio, para que veas"* .

Belial odia lo apostólico

"Pero algunos perversos dijeron: ¿Cómo nos ha de salvar éste? Y le tuvieron en poco, y no le trajeron presente; mas él disimuló". 1 Samuel 10.27

En este pasaje se muestra el desprecio hacia la autoridad delegada por Dios. El profeta Samuel unge a Saúl como rey, pero hombres perversos (hijos de Belial) llegaron allí para oponerse a que él fuera rey. Simplemente, Dios lo había escogido como líder, mientras que los hijos de Belial dudaban, criticaban y odiaban al líder ungido.

Esto nos muestra que el espíritu de Belial produce que la gente tenga:

- Dudas acerca de los líderes o pastores.
- Desprecio en el corazón, manifestado en sus acciones.
- Sospechan si son puestos por Dios o no.
- Murmuran y crean incertidumbre en otros.
- Retienen presentes y bendiciones; no dan honra a los siervos de Dios.

¡Cuidado con esto! Acaso el espíritu de Judas, ¿no era semejante? ¿No resistió el acto de la mujer que venía a ungir a Jesús con perfume costoso? Este espíritu no quiere que Jesús sea honrado. Judas prefería darlo a los pobres, antes que al merecedor de toda gloria, a Jesús el Ungido de Dios.

Esto se aplica a la iglesia de hoy día. Los creyentes que critican a los líderes ungidos, están operando bajo un espíritu demoníaco, bajo el espíritu de Belial.

Belial, como ya lo hemos definido anteriormente, es pura maldad o indignidad, perverso, impío, destructor; es la personificación del mal.

Nabal tipo de deslealtad

*"Ahora, pues, reflexiona y ve los que has de hacer, porque el mal está ya resuelto contra nuestro amo y contra toda su casa; pues él es un hombre **tan perverso**, que no hay quien pueda hablarle...No haga caso ahora mi señor de ese **hombre perverso**, de Nabal; porque conforme a su nombre, así es. El se llama Nabal, **(necio, insensato)**, y la **insensatez** está con él; mas yo tu sierva no vi a los jóvenes que tu enviaste". I Samuel 25.17, 25*

Este pasaje como sus personajes los podemos comparar a un "prototipo profético", para los tiempos de ahora. El rey David es un prototipo apostólico. Pues, muchas veces, los reyes del Antiguo Testamento son prototipos apostólicos del Nuevo Testamento. Nabal es tipo de Loi, desleal y también un creyente no generoso, el cual:

- No bendice
- No reconoce líderes apostólicos.

Nabal era un hombre rico y prospero que tenía el poder de bendecir a David y a sus hombres fuertes, pero el decidió retener la bendición.

Cuando las personas retienen la bendición financiera, están bajo un espíritu de Belial. Si Dios te habla de sembrar semillas, no dudes en hacerlo, porque es Dios que te quiere prosperar más.

*"Entonces todos los malos y perversos de entre los que habían ido con David, respondieron y dijeron: porque no fueron con nosotros, **no les daremos del botín** que hemos quitado, sino a cada uno su mujer y sus hijos; que los tome y se vayan. Y David dijo: No hagáis eso, hermanos míos, de lo que nos ha dado Jehová, quien nos ha guardado, y ha entregado en nuestra mano a los merodeadores que vinieron contra nosotros" I Samuel 30.22-23*

David y sus hombres habían ido a la guerra. Sin embargo, algunos de los hombres fuertes no fueron a la batalla con él. Los que sí fueron a la guerra, trajeron el botín y dijeron que ellos no lo iban a compartir con aquellos que rehusaban ir a la guerra. Los hombres de David querían retener el botín de los "miedosos". Pero, David no permitió esto y lo que hizo fue hacer una ordenanza, la cual establecía que el beneficio del botín de la victoria de varios, sería dividido entre todos los hombres.

¿Por qué hizo esto?

David sabía con lo que estaba lidiando dentro de sus propios hombres, su armamento de soldados. Pues, en la celebración de su victoria, ellos habían caído bajo el espíritu de Belial. Por tal motivo, declaraban lo siguiente: "Nosotros peleamos, nosotros ganamos, y no lo vamos a compartir con nuestros hermanos".

Este espíritu es como el espíritu del hermano mayor del hijo prodigo. El hermano mayor, influenciado por el espíritu de Belial, lo quería acaparar todo. Esta influencia hace que la persona sea egoísta y quiera juzgar y criticar a los demás por que no viven de acuerdo a sus propias normas. Cuando los creyentes critican a otros creyentes porque creen que no siguen la ley o la forma de adorar de acuerdo a su manera de pensar, ellos participan de este espíritu.

David no toleraba este espíritu dentro de sus hombres valientes. En consecuencia, él estableció una ordenanza que decía que aunque un hombre fuera o no a la batalla, todos recibirían de la bendición. Esto suena como el carácter del padre y líder justo apostólico.

"Después David huyó de Naiot en Ramá, y vino delante de Jonatán, y dijo: ¿Qué he hecho yo? ¿Cuál es mi maldad, o cuál mi pecado contra tu padre, para que busque mi vida?". 1 Samuel 20.1

El reinado de David fue puesto a prueba nuevamente; ya que había una influencia del espíritu de Belial que, como ya hemos visto, solapadamente, subleva la mente de los creyentes para que no se sometan a la autoridad espiritual y, en muchas ocasiones, se opone a la unción negando lo ungido de Dios; lo cual no les permite obtener su herencia. Sin embargo, si estos creyentes hubieran venido bajo la cobertura apostólica de lo ungido de Dios para ser libres de esta influencia, la hubieran podido recibir merecidamente.

¿Por qué esa gente no puede someterse y recibir su herencia?

Como lo mencionamos, es probable que estén bajo la influencia de Belial. Estos son creyentes que, continuamente, están de iglesia en iglesia sin someterse nunca a la autoridad espiritual, debido a que esta influencia no lo permite.

El cuerpo de Cristo no puede continuar diciendo que estos creyentes rebeldes están heridos y por eso es que siguen perdidos. Sí, están heridos, pero es el espíritu que, compulsivamente, los mantiene moviéndose de congregación a congregación. Si tú tienes problema con someterte a la autoridad, necesitas examinarte y ver si estás cayendo bajo la influencia de esta potestad. Si te es difícil o se te hace extremadamente imposible someterte a la autoridad siendo un líder, es posible que necesites liberación de este espíritu.

Los que rechazan el consejo de los líderes apostólicos de Dios pasarán por dificultades en sus familias, relaciones interpersonales, finanzas, entre otros. Los que entienden lo que es la autoridad y se someten a ella, tienen el derecho de heredar bendiciones, relaciones saludables, prosperidad en la vida y aumentos de salario en el trabajo. Cuando uno está bajo la cobertura espiritual correcta, estas bendiciones se pueden clamar para que se activen. Los que están sembrados en la casa del Señor florecerán. Por el contrario de aquellos que están influenciados, porque como lo mencionaba David, en unas de sus últimas palabras, no se puede tocar o lidiar con las espinas sin que puyen.

Las personas que caen bajo este espíritu no se pueden liderar en términos razonables. No existe el razonamiento con ellas. "Su camino es el correcto y el único". Por supuesto, todo es diferente si el paso a seguir fuera el arrepentimiento.

Capítulo VI

Baal y su Esposa Astoret

Ba'al y Astoret junto a sus consortes

La raíz del original hebreo /ba'al/, significa "amo, señor". Nótese algo bien importante, que Belial o *Beliar*, procede de la raíz /*Baal*/. /*Ba'al*/ fue uno de los ídolos más adorado de la antigüedad juntamente con Astoret, su consorte. Astoret en griego es Astarte. Ella fue la principal diosa de los fenicios, representando el poder de la naturaleza. Era reconocida como el dios Luna, así como Baal el dios Sol. También, fue adoptada por los egipcios y designada como la hija del dios Ra. En el transcurso de los siglos, contemplamos su unión o matrimonio con el Sol; teniendo a un hijo llamado Tamuz. Ella fue adorada como "LA REINA DEl CIELO" (Nut para los egipcios), y a la vez era madre-esposa de Ba'al.

Ya Dios en el Antiguo Testamento prohibió la adoración a estos dioses, por medio de Moisés, a Israel diciendo:

"No sea que alces tus ojos al cielo, y viendo el sol y la luna y las estrellas, y todo el ejército del cielo, seas impulsado, y te inclines a ellos y les sirvas; porque Jehová tu Dios los ha concedido a todos los pueblos debajo de todos los cielos. Pero a vosotros Jehová os tomó, y os ha sacado del horno de hierro, de Egipto, para que seáis el pueblo de su heredad como en este día". Deuteronomio 4.19, 20

"...que hubiere ido y servido a dioses ajenos, y se hubiere inclinado a ellos, ya sea al sol, o a la luna, o a todo el ejército del cielo, lo cual yo he prohibido" Deuteronomio 17.3

En estos textos, observamos que los jueces locales debían ver que los falsos adoradores fueran ejecutados. Por lo que vemos, la idolatría se trataba de una forma severa. Aun Dios advierte a Israel por medio del profeta Jeremías diciendo:

"He aquí, vosotros confiáis en palabras de mentira, que no aprovechan. Hurtando, matando, adulterando, jurando en falso, e incensando a Baal, y andando tras dioses extraños que no conocisteis". Jeremías 7.8, 9

"¿No ves lo que éstos hacen en las ciudades de Judá y en las calles de Jerusalén? Los hijos recogen la leña, los padres encienden el fuego, y las mujeres amasan la masa, para hacer tortas a la reina del cielo y para hacer ofrendas a dioses ajenos, para provocarme a ira" Jeremías 7.17, 18

Aquí podemos observar cómo los judíos rendían culto a Astoret, una diosa también de los asirios y de los babilonios, que representaba la sensualidad y la fertilidad como esposa de Baal o Moloc. Estas deidades simbolizaban el poder para la reproducción; y su adoración incluía la prostitución.

"La palabra que nos has hablado en nombre de Jehová, no la oiremos de ti; sino que ciertamente pondremos por obra toda palabra que ha salido de nuestra boca, para ofrecer incienso a la reina del

cielo, derramándole libaciones, como hemos hecho nosotros y nuestros padres, nuestros reyes y nuestros príncipes, en las ciudades de Judá y en las plazas de Jerusalén, y tuvimos abundancia de pan, y estuvimos alegres, y no vimos mal alguno. Mas desde que dejamos de ofrecer incienso a la reina del cielo y de derramarle libaciones, nos falta todo, y a espada y de hambre somos consumidos. Y cuando ofrecimos incienso a la reina del cielo, y le derramamos libaciones, ¿acaso le hicimos nosotras tortas para tributarle culto, y le derramamos libaciones, sin consentimiento de nuestros maridos? Porque ofrecisteis incienso y pecasteis contra Jehová, y no obedecisteis a la voz de Jehová, ni anduvisteis en su ley ni en sus estatutos ni en sus testimonios; por tanto, ha venido sobre vosotros este mal, como hasta hoy". Jeremías 44. 16-19,23

Este es un título que, en la religión romana, atribuyen erróneamente a María, la madre de Jesús, en una mezcla sincrética de aparente cristianismo y paganismo. El profeta Jeremías advierte, en una forma directa, por voz de Dios, que la veneración a tal ídolo no era la fuente de su prosperidad, sino todo lo contrario, la fuente de su calamidad y destrucción.

Esto nos muestra que la adoración de la mujer y el niño data desde los tiempos de Babel, propagándose a través de los diferentes imperios y culturas; es por eso, que esta práctica es conocida con diferentes nombres, pero siempre tiene que ver con el mismo principado diabólico.

Es de notar que si Israel fue confrontada por juicios de Dios, por las libaciones e idolatría de la reina del

cielo, ya que esto representaba una de las abominaciones más degradantes delante de su presencia,
¿que le deparará en el futuro a todos aquellos que
continúen con tales prácticas contrarias a Dios y a su
Palabra revelada?

En su reputación más alta, Baal era un nombre
común para varias deidades Sirias y Persas, pero
conocido principalmente como deidad Cananita;
deidad referente a la **fertilidad,** a todo lo concerniente a la tierra y el fruto de ella. Baal fue adorado
extensamente por otras culturas como los fenicios,
que fundaron una civilización que controló el Medi-
terráneo por 500 años.

Baal podía también indicar "el Sol" o a "un dios".
Baal tenía otros dioses asistentes, eran **An** y **Isatar;**
similares a Astoret. Ambos eran dioses de la guerra y
el amor.

- **Isatar** fue reconocida como el planeta Venus. Los
  romanos la consideraban la diosa del amor, mientras que en Grecia se llamaba Afrodita.

- **An** fue para la mitología Sumeria (la divinidad
  más antigua adorada) la deidad que representaba
  el Sol en el punto más alto del día, llamado
  "cenit" y estaba dentro de un trío con el dios de
  las profundidades del mar y el dios de la tierra.

Cultos paganos dentro del pueblo de Israel

Astarot era la deidad adaptada a ser femenina y era
simultáneamente adorada con Baal. Según la "mitología judía antigua", era un demonio representado

en forma de mujer. Ella era conocida como la diosa del amor y la inmoralidad sexual. Era la patrona diosa de la fertilidad. Los Templos levantados en su honor, así como los altares en lugares altos, fueron cultos que competían y contrarrestaban las órdenes del Dios poderoso Adonai el Señor, Dios de Israel. Estos cultos paganos promovían el placer sexual, realizando todo acto de inmoralidad dedicado a las orgías y a la lascivia.

La adoración a Astarot creció años más tarde adorándose casi o más que al propio Baal. A través de esta imagen, la gente pensaba que podía hacer lo quisiera y no ser juzgada por sus malas acciones. Por esta razón, todos querían adorar a estos dioses. Se exaltaba al "yo" de cada uno y el hombre interior carnal. Estos mismos términos los analizamos en el espíritu de Belial, el cual es "sin ley", no se sujeta a la ley de Dios.

Las sacerdotisas eran en sí prostitutas del templo. Los sodomitas eran hechos prostitutas masculinas en el templo. Ellos tenían orgías extravagantes mientras adoraban a sus dioses. Los sacerdotes de Baal danzaban con gritos fanáticos alrededor del altar, y se cortaban con cuchillos para atraer la atención de su dios. El profeta Elías los vio en el monte Carmelo mientras adoraban e invocaban a Baal.

Si tenemos que comparar estos rituales hoy día, se comparan con todo aquello que tiene que ver con la inmoralidad, el libertinaje y la depravación; en donde millones caen cautivos y esclavizados, practicando las mismas orgías. En esto podemos observar la profundidad de la bajeza espiritual en la que cayó

Israel. Por eso, Dios mandó castigo a su pueblo, por adorar a Baal-peor y entrar en estos horrendos pecados.

Oraciones o promesas eran realizadas con rituales mágicos a Astoret, para influenciar a los dioses a través de instrucciones dadas por sus sacerdotes paganos. Tristemente, Israel adoptó esta forma de adoración, si bien es notorio, que el mismo Aarón cayó en engaño al dar consentimiento al pueblo de Israel para hacer un becerro de oro, y adorarlo mientras Moisés estaba en el Monte Sinaí recibiendo las leyes de Dios para el hombre.

Baal entre el pueblo de Dios

Los cultos a Baal adoptados por los israelitas, en tiempos de gran apostasía, afectaron y constituyeron un desafío directo al culto hecho a YHVH (Yahvéh, Jehová); ya que Israel fue escogida por Dios (Adonai = Señor y dueño absoluto) para que sólo le sirviera y le adorara a Él.

Pero Israel abandona su verdadero Dios Adonai para adorar y entregar a sus hijos a Ba'al, dios del Sol. Lamentablemente, siendo YHVH el Dios de Israel, el verdadero Sol de Justicia, Baal toma el lugar del Dios creador y siendo profano imita todo lo santo.

Los nombres de Baal

Baal tenía muchos nombres y cada uno de ellos diferentes significados.

➤ **Baal-berit** significa el señor del pacto, alianza, convenio, acuerdo por medio de una prenda.
"Pero aconteció que cuando murió Gedeón, los hijos de Israel volvieron a prostituirse yendo tras los baales, y escogieron por dios a Baal-berit".
Jueces 8.33

Analicemos bien:

➤ Pacto, alianza, compromiso, convenio, tratado.

➤ Convenio entre dos o más personas o entidades que se obligan a su observancia.

Satanás sabe cuan importante es realizar un pacto. Toda persona que se entremezcla y toca lo prohibido, inconscientemente está haciendo un pacto con las tinieblas. Claro está, que cuando se idolatra a alguien o algo, es porque se está poniendo primero que al Señor Dios, y esto hará que su alma se ligue al pecado de idolatría. Automáticamente, se está comprometiendo con un pecado bien fuerte, que es aborrecer a YHVH.

Muchas personas asisten regularmente a la iglesia, pero no están comprometidas porque no han hecho un pacto con el Señor, y por desgracia, Satanás lo sabe, entonces se hacen candidatas a caer incons-cientemente en alianza con él. Esto las llevará a mantenerse en un círculo vicioso espiritual, el cual traerá como consecuencia que no prosperen en su vida cristiana; siendo llevadas de la siguiente manera:

- Sin victoria
- Nunca alcanzan los planes de Dios para su vida
- Están siempre frustradas y derrotadas en su vida espiritual
- Sienten gran estancamiento en lo económico
- Entran en una rutina mental muy deprimente
- No se desenvuelven en el área de sus emociones y sentimentalmente están atrapadas en estos círculos.

Israel conocía el pacto que YHVH hizo con Abraham, sin embargo, anularon el pacto para pactar con las tinieblas, con dioses ajenos que ellos no habían conocido.

"Por cuanto habéis dicho: pacto tenemos hecho con la muerte, e hicimos convenio con el Seol (infierno, reino de la muerte, tumba); cuando pase el turbión del azote, no llegará a nosotros, porque hemos puesto nuestro refugio en la mentira, y en la falsedad nos esconderemos...".
Isaías 28.15

Israel prefirió hacer pacto con la muerte antes que hacer pacto con la vida. Por eso, el profeta Isaías profetizó su cautividad.

"Y será anulado vuestro pacto con la muerte (dar muerte, matar, sufrir la muerte, homicida), y vues-tro convenio con el Seol no será firme; cuando pase el turbión del azote, seréis de él pisoteados".
Isaías 28.18

El mismo Señor les había advertido:

"No harás alianza con ellos, ni con sus dioses"
Éxodo 23.32

➤ **Baal-gad** significa: Amo de la fortuna.

"Desde el monte Halac, que sube hacia Seir, hasta Baal-gad (de la fortuna, la vagancia) en la llanura del Líbano, a la falda del monte Hermón; tomó asimismo a todos sus reyes, y los hirió y mató". Josué 11.17

Josué se levanta como libertador y vence a sus enemigos en el valle de la fortuna. Dios es el Dios de la abundancia, no de la fortuna. La gracia de hacer las riquezas es trabajando bajo la bendición de YHVH, mientras que Baal-gad espera la (ruleta, cartas, juego de azar) riqueza sin trabajar, "espera ganar la lotería".

"Pero vosotros los que dejáis a Jehová, que olvidáis mi santo monte, que ponéis mesa para la Fortuna (gad, dios de la fortuna, de la vagancia), y suministráis libaciones para el Destino; yo también os destinaré a la espada, y todos vosotros os arrodillaréis al degolladero, por cuanto llamé, y no respondisteis; hablé, y no oísteis, sino que hicisteis lo malo delante de mis ojos, y escogisteis lo que me desagrada".
Isaías 65.11-12

Los adoradores del verdadero Señor reciben de Él la bendición y la verdadera herencia. *"Jehová es la porción de mi herencia y de mi copa; Tú sustentas mi suerte. (destino, sorteo)"*. Salmo 16.5

Baal-peor significa "el amo de las oportunidades" o "el que abre".

"Vuestros ojos vieron lo que hizo Jehová con motivo de Baal-peor (de la brecha); que a todo hombre que fue en pos de Baal-peor destruyó Jehová tu Dios de en medio de ti". Deuteronomio 4.3

Sabemos que Satanás es un imitador y sólo Dios abre las puertas que nadie puede cerrar y cierra lo que nadie puede abrir.

➤ **Baal-zebub** significa "señor de las moscas" o "señor de los lugares altos".

"Y Ocozías cayó por la ventana de una sala de la casa que tenía en Samaria; y estando enfermo, envió mensajeros, y les dijo: Id y consultad a Baal-zebub dios de Ecrón, si he de sanar de esta mi enfermedad". 2 Reyes 1.2

Baal-zebub aparece como el nombre de una deidad adorada en una ciudad filistea llamada Ecron.

Dios llama al profeta Elías y le avisa que salga al encuentro de los mensajeros del Rey de Samaria, para que les dé aviso de parte del YHVH, el Señor, que el Rey Ocozías moriría por mandar a consultar a Baal-zebub, dios extraño, en vez del Dios de Israel.

Las personas que consultan a los astrólogos, síquicos y adivinadores para saber el futuro están abriendo puertas al pecado, y ellos mismos se están condenando. El rey se condenó a sí mismo al consultar con baal-zebub. En efecto, Jesús confrontó a los fariseos quienes le acusaron tenazmente de echar fuera demonios en nombre de Belcebú, "príncipe de los demonios". Este pecado jamás será abolido, Jesús les dijo que la blasfemia contra el Espíritu Santo era un pecado imperdonable.

➡ **Baal-zefón,** significa "señor del botín"

"Dí a los hijos de Israel que den la vuelta y acampen delante de Pi-hahirot, entre Migdol y el mar hacia Baal-zefón (del tesoro del norte); delante de él acampareis junto al mar".
Éxodo 14.2

Jesucristo habló de Satanás como el ladrón. Esta ramificación de Baal, es "el que guarda los tesoros o botines", de lo que ha robado en la batalla. No hay que olvidar que la iglesia está con derecho legal de rescatar lo que el enemigo le ha robado, dentro de lo que se encuentra la verdadera revelación de la palabra y el significado de muchos simbolismos que hay en ella.

En sentido simbólico, Jehová era el "esposo" para Israel, y por lo tanto, lo llamaban "Baali", con toda inocencia; pero naturalmente esta práctica condujo a una confusión del culto a Yahvéh con los rituales a los baales, y llegó el momento en que se hizo necesario designar a Dios un título diferente. Dios le habla al profeta Óseas para que en su vida real profetice en hecho y en profecía sobre Israel, y le manda declarar:

"En aquel tiempo, dice Jehová, me llamarás Ishi, y nunca más me llamarás Baali. Porque quitaré de su boca los nombres de los baales, y nunca más se mencionarán sus nombres". Óseas 2:16-17

Una de las demostraciones del amor de Dios hacia sus hijos es la preocupación por advertirlos para que nadie esté bajo el yugo de Baal ni Belial. Por esto, Dios quiere libertar a su pueblo de todo engaño y esclavitud. Y desde luego, es muy importante caminar en libertad para recibir todos los beneficios de su amor. Ciertamente, lo más importante es hacer pacto con el verdadero Dios, y su hijo Jesucristo el enviado.

El símbolo del "Toro" detrás de Baal

Analicemos la adoración del dios-baal-sol en los días actuales. El símbolo de Baal era el toro. Recordemos que las corridas de toros se realizan dentro de una plaza completamente redonda, afirmada sobre arena amarilla, (todo círculo, como símbolo, representa la adoración a baal-sol). Este símbolo se puede ver en muchas cosas que nunca te hubieras imaginado antes. La estrella de cinco puntas con el circulo ya puedes deducir lo que es (satanismo), lo mismo la estrella de seis puntas cerrada con un círculo y la de ocho puntas cerrada en circulo. Todas son símbolo de poder ocultista, no importa que se llamen de David o de Salomón. Representan el poder de

Baal-Sol sobre lo cercado. Vayamos a una historia real-simbólica.

España y México son unas de las tierras que aún derraman sangre a Baal en las temporadas indicadas, como la temporada de las cosechas; donde hay fiestas consagradas a Tamuz, hijo de Baal. Cada vez que se realiza una "corrida de toros" el torero entrega su vida a la "Patrona" antes de salir al ruedo, y le pide que le cuide la vida. Uno de los dos debe morir; si el toro no mata al torero, el torero matará al toro. Pero, la sangre será derramada y una vez Baal-Satanás beberá de la sangre de inocentes para saciar su sed de arrogancia y adoración. Recordemos a Astarot el demonio transformado en mujer, "madre del cielo". El torero sin saber le estará entregando su destino a la mismísima diosa Astoret.

Veamos lo que dice la historia acerca del origen de las corridas de Toros

"Se ha considerado frecuentemente que el origen de la Plaza, Redondel o Coso, como queramos denominarla, se encuentra en el circo romano. Sin embargo, parece aún más cierto que se remonta a épocas mucho más antiguas, ya que los templos celtibéricos, donde se celebraban sacrificios de reses bravas en honor de sus dioses, tenían esta forma. Podemos aún visitar los restos de un templo de estas características en la provincia de Soria, cerca de Numancia, España, donde existen evidencias de la celebración de estos ritos".

La relación entre el toro y la Luna es inquebrantable en las culturas antiguas. El carnero y el toro tienen en común ser un elemento esencial de la mitología universal, tanto entre los pueblos de pastores como en el de los agricultores, por su potencia y virilidad; por ser fuente total de alimento, por sus cuernos curiosamente lunares. Se cree en símbolo dual. Por un lado, la fuerza masculina asociada al dios griego Zeus, que es Baal; y por el otro es la tierra y su humedad, que es atributo lunar. La Nueva Era la llama "la madre tierra", está endiosando la materia asociándola con las antiguas deidades a las que hemos hecho referencia en este mismo capítulo. Una vez más, vemos la relación de Baal con Astoret; alianza de principados.

En la ciudad de Pamplona, España, cada año se festejan las fiestas de San Fermín, festival que se realiza desde hace algunos siglos. San Fermín fue martirizado por medio de dos toros que lo arrastraron por las calles. Recordando este acto tan espeluznante, cada julio los españoles y extranjeros son perseguidos en los mismos callejones por una manada de toros asustados, que son incitados por la muchedumbre y de la cual resultan bastantes heridos por las cornadas.

El ritualismo de las corridas de toros siempre ha sido parte esencial de la cultura española. Esta práctica se viene realizando desde finales del siglo XVII en la misma España, donde surgen distintas escuelas, entre ellas se encuentra la de Navarra, con la introducción del capote, la cual dio origen al toreo actual.

La novia de Satanás

La palabra de Dios enseña acerca de las uniones, hay ligamientos del alma a través del amor y a través de atracciones por los espíritus.

En este capítulo, hemos analizado la supuesta unión entre Baal y Astoret, anteriormente se había analizado la unión de Jezabel con Belial. Si bien, YHVH era el esposo de Israel, Jesucristo está esperando en los aires a su amada para convertirla en esposa por la eternidad. Entonces, debemos concluir que si hay novia de Cristo, también hay novia de Satanás.

Cuando Belial, el espíritu de maldad, logró entrar en Israel, penetró en lo santo y comenzó a contaminarlo; desde entonces inició una generación de iniquidad. Balaam enseñó a Balac cómo contaminar al pueblo a través de la fornicación. Jezabel introdujo la adoración a Baal junto a su esposo Acab; y edificaron casa a Baal. De esta manera, logró contaminar a todo el pueblo de Israel y pasar la idolatría hasta contaminar la generación presente.

Mientras que Israel sirvió a Dios, el Señor, Él la cuidaba y la protegía; su amada estaba recostada sobre mirra, como en Cantar de los Cantares. No así con la adultera, pues ella se pervierte con los ídolos. En el momento que una persona se entrega a ritos de ocultismo y hace pactos o señales de entrega a Satanás, él tiene derechos sobre esa persona y se convierte en su novia.

La novia de Satanás es:

- Despiadada
- Adultera con otros dioses, santos e ídolos
- Idólatra
- Envidiosa
- Profanadora de lo santo
- Imitadora. Usa las lenguas falsas y la adivinación en vez del discernimiento del Espíritu Santo
- Hija de perdición
- Soberbia
- Orgullosa
- Usa la astucia satánica
- Manipula a la autoridad
- Controla a través de la hechicería
- Es adúltera, tiene varios maridos
- Se embriaga
- Es lujuriosa
- Odia la santidad
- Es despiadada
- Su fuerte es hacer culto a sí misma
- Es adivinadora
- Nunca usa la compasión
- Es altiva y a todos pone debajo de ella
- Domina el arte de la astrología
- Humilla a los profetas de Dios

- Resiste la verdad de Dios

- Sabe cómo dividir iglesias, hermanos, matrimonios y amistades

- Es visitada en las noches por el espíritu súcubo (Lilith) e incubo.

- Es bruja.

- Su nombre es BABILONIA LA GRANDE, LA MADRE DE LAS RAMERAS Y DE LAS ABOMINACIONES DE LA TIERRA (Apocalipsis 17.5). Porque está embriagada con la sangre de los mártires.

Toda persona que ha hecho un pacto con Satanás o ha usado la adivinación, cartomancia, palería, masonería, meditaciones transcendentales, yoga, método silva; pasado por sangre en rituales de santería, iniciación a la brujería y más, debe renunciar y cancelarlo en el Nombre de Jesús y hacer un pacto nuevo con su sangre. Debe renunciar a la novia de Satanás y, por el Nuevo Pacto, pasar a ser parte del cuerpo de Cristo, la Novia del Cordero de Dios.

Capítulo VII

El Espíritu de Lascivia Operando en la Iglesia

Los espíritus de lascivia y lujuria están en acción en nuestros días.

"y de igual modo también los hombres, dejando el uso natural de la mujer, se encendieron en su lascivia unos con otros, cometiendo hechos vergonzosos hombres con hombres, y recibiendo en sí mismos la retribución debida a su extravío". Romanos 1.27

La palabra **lascivia** viene de la raíz del griego */aselgeia/*, que significa:

Sensualidad desenfrenada; denota exceso, licencia, ausencia de freno, indecencia, disolución, extravagancia, lujuria desenfrenada, descaro, obsceno, erótico. Depravación sin límites, todo esto tiene que ver con una vida llevada por el libertinaje y todo acto de pecaminosidad.

Los sinónimos de lascivia y sus adyacentes:

- Concupiscencia
- Indecencia
- Lujuria
- Deshonestidad
- Incontinencia
- Liviandad
- Obscenidad
- Impureza

- Corrupción
- Libertinaje
- Desvergüenza
- Descaro

La batalla del Espíritu de Dios contra la carne es una vivencia con la que no todo cristiano sabe lidiar. De ahí, que la lascivia no sólo tiene que ver con deseos pecaminosos o malvados que tuercen la versión original por la cual Dios creo el sexo, sino que se mueve y actúa como una ramificación de tentáculos de perversión, obscenidad, impureza, corrupción, deseos desenfrenados, descaro, aborto, muerte, degeneración de lo recto y desvió de lo natural.

Para entender más acerca del desvió sexual, tenemos que analizar este espíritu perverso y sus adyacentes, que toman fuerza en el hombre y la mujer en los días en que vivimos. Esto, con el fin de atacarlos, reprenderlos y descascararlos para poder vencer y ayudar a tantas personas que caen en la esclavitud de estas artimañas destructivas y degradantes.

El Apóstol Juan escribió:

"Esto, pues, digo y requiero en el Señor: que ya no andéis como los otros gentiles, que andan en la vanidad de su mente, teniendo el entendimiento entenebrecido, ajenos de la vida de Dios por la ignorancia que en ellos hay, por la dureza de su corazón; los cuales, después que perdieron toda sensibilidad, se entregaron a la lascivia para cometer con avidez toda clase de impureza".
Efesios 4.17-19

El enemigo de las almas no sólo encierra en redes de perversidad a los "no nacidos de nuevo", sino, ahora más que nunca, se está abriendo paso fácilmente en muchos cristianos, por medio del ataque más tenaz que confronta la Iglesia en estos días del espíritu de lascivia en todas sus ramificaciones; para denigrar al ser humano. La Biblia nos declara que en los últimos días se levantarían falsos hombres y mujeres que convertirían la gracia del Señor en libertinaje. Este estilo "nuevo" de vida está programado para llevarlos al desenfreno de la inmoralidad.

Los medios de comunicación inducidos por agentes satánicos y mentes reprobadas, están hostigando la mente del ser humano por medio de escenas visuales lascivas; carteles indecentes anunciando bebidas alcohólicas y tabaco, pornografía en revistas, videos, televisión, cines y toda clase de visualización depravada; de tal manera, que pueda producir un estado de confusión progresivo, dañando y lastimando la verdadera imagen que el creador hizo para el hombre, que es el sexo basado en el verdadero amor. Esto ha sido la consecuencia, gota a gota, al paso de las últimas décadas de esta sociedad. Sutilmente, espíritus de lascivia, lujuria y libertinaje producen cada vez más inmoralidad y una total degradación en los seres humanos.

Son millones de personas que están influenciadas por este espíritu lascivo, que se manifiesta en deseos sexuales excedidos. A muchos, este espíritu se le manifiesta en miradas que desnudan al sexo opuesto. Esta es la parte carnal del hombre "no redimida", el canal abierto o "puerta abierta" por la cual se manifiestan dichos deseos que van desde los ojos al corazón del hombre. Produciendo un continuo fluir (por ese canal abierto) de lujuria; lo que abre un gran apetito desordenado de placer libertino y sexual.

La lujuria es la conexión con el espíritu de lascivia, éste se usa generalmente en el sentido de pasión carnal desordenada.

Hoy día los que caminan sin el temor a Dios, tienen insensibilidad moral. A medida que continúan viviendo bajo el efecto del pecado, se alejan más y más de la verdad de Dios, volviéndose cada vez más apáticos con respecto a las realidades morales y espirituales dadas por el creador desde el principio.

La sociedad de nuestros días se caracteriza por su conducta de depravación; sucumbiendo, progresivamente por voluntad y deseo propio, en la sensualidad y la vida licenciosa, por lo cual cada vez se pierden más los principios morales.

Existen, sin lugar a duda, una lista de diferentes tipos de pecados relacionados con los vicios que oprimen a diario la vida de los humanos. En este último término, tenemos que resaltar que el espíritu de lascivia es un espíritu demoníaco que lleva a los humanos hacia una total indisciplina moral, rechazando toda clase de normas y principios acerca de la moralidad.

La palabra lascivia también significa: pasión suelta, desbocada y codicia. Por otra parte, tiene que ver con desorden, el abandono de todos los frenos y, a la misma vez, representa todo lo sucio, vergonzoso y obsceno para cautivar y encadenar a hombres y mujeres.

Jesús habló con relación a este tema, Él mismo dijo:

"Porque de dentro, del corazón de los hombres, salen los malos pensamientos, los adulterios, las fornicaciones, los homicidios, los hurtos, las avaricias, las maldades, el engaño, la lascivia, la envidia, la maledicencia, la soberbia, la insensatez. Todas estas maldades de dentro salen, y contaminan al hombre". Marcos 7.21-23

De adentro del corazón del hombre es de donde sale lo que se ve por fuera. Todo lo que sale del hombre es lo que lo contamina. Jesús indicó, claramente, que la lascivia era uno de los males que proceden del corazón.

"Y manifiestas son las obras de la carne, que son: adulterio, fornicación, inmundicia, lascivia..."
Gálatas 5.19

De acuerdo al texto de Gálatas, también se le clasifica entre obras de la carne, y nos muestra que los incrédulos tienen insensibilidad moral.

Los cuales, después que perdieron toda sensibilidad, se entregaron a la lascivia para cometer con avidez toda clase de impureza. Efesios 5.19

Los incrédulos mantienen su alejamiento espiritual de Dios y, en consecuencia, ignoran por completo la verdad; el resultado es su ceguera espiritual y moral voluntaria. Este espíritu se encuentra activo en aquellos que han convertido la gracia de Dios en libertinaje.

Este es uno de los espíritus más destructores en el cuerpo de Cristo hoy día. Analicemos las consecuencias que provocan estar bajo su influencia.

☞ Cuando su presencia logra influenciar fuertemente a un siervo de Dios, puede llegar a obstaculizar su propósito y su ministerio. Ocasionando que, tarde o temprano, comience una obra en la carne, generada por su intelecto y en lo natural. Con lo que se puede ver, a largo plazo, que este siervo de Dios edificó su propio reino, su propia empresa, etcétera; y que no hubo la participación de Dios.

☞ Impide que los dones de Dios nazcan y se desarrollen. Mantiene a la persona bajo un círculo de estancamiento y no permite que alcance nuevos niveles.

☞ Esta influencia hace que no se desarrolle el verdadero propósito de Dios en la persona.

☞ Provoca un estado de indeferencia y apatía total a lo que es la verdadera santidad de Dios.

¿Cómo ser libre de la influencia de la lujuria?

"En cuanto a la pasada manera de vivir, despojaos del viejo hombre, que está viciado conforme a los deseos engañosos...". Efesios 4.22

La palabra **despojaos,** tiene que ver con quitar algo por completo, por ejemplo: un mendigo que decide deshacerse de sus harapos sucios.

Espiritualmente, esto puede ser logrado por medio del arrepentimiento de los pecados y la entrega incondicional a las leyes de Dios.

El viejo hombre tiene una naturaleza pecaminosa que ha sido desgastada por completo, y es inútil tratar de arreglarla o remendarla. La Palabra de Dios hace un desafío por adquirir una vestidura totalmente nueva y diferente, ésta se llama "nuevo hombre". Cuando el ser humano se viste de lo nuevo, se convierte en un verdadero cristiano. El Espíritu Santo trasforma y da la capacidad espiritual para llevar una nueva vestimenta, que da la autoridad y el poder para confrontar los dardos de Satanás.

La renovación en la mente conlleva a vestirse de lo nuevo de Dios; también, trae el resultado de la transformación del carácter y de la persona por completo. Pasando de lo viejo a lo nuevo, tomando una nueva identidad en Cristo.

Huye de las pasiones juveniles

José es un ejemplo eficaz en la palabra de Dios acerca de cómo actuar frente a la tentación. No sólo los jóvenes están siendo atacados arduamente por este espíritu de lascivia, sino también hombres casados y mujeres que son objeto de ultraje sexual en los trabajos.

En Génesis 39, se menciona la forma sutil que fue utilizada la mujer de Potifar para intentar desacreditar a José. Los constantes esfuerzos por seducirlo fracasaron ante sus firmes convicciones en no ceder ni aceptar, sin duda alguna, en el momento más determinante él salió huyendo, a pesar de tener que enfrentarse a las falsas acusaciones.

Pablo exhortó a huir de las pasiones desordenadas, lo cual tiene que ver con la concupiscencia, codicia o deseo desordenado.

Hoy día muchos son atacados en las noches por sueños eróticos y morbosos, de tal manera, que esos sueños a veces se hacen reales, logrando tener sensaciones reales en todo el cuerpo.

"...que cuando vuelva, me humille Dios entre vosotros, y quizá tenga que llorar por muchos de los que antes han pecado, y no se han arrepentido de la inmundicia y fornicación y lascivia que han cometido". 2 Corintios 12.21

Pablo no quería ver que los corintios siguieran en la misma condición espiritual deplorable como en su última visita, la cual le produjo gran tristeza y dolor.

Él resalta, de una forma categórica, diciendo que si descubría que todavía estaban practicando los pecados que él mismo había enumerado, serían amonestados y disciplinados. Es más, él declaró que no sería indulgente. Pablo estaba dispuesto a usar su autoridad y poder apostólico para tratar en persona cualquier pecado y rebelión que encontrara allí.

"Esto, pues, digo y requiero en el Señor: que ya no andéis como los otros gentiles, que andan en la vanidad de su mente, teniendo el entendimiento entenebrecido, ajenos de la vida de Dios por la

ignorancia que en ellos hay, por la dureza de su corazón; los cuales, después que perdieron toda sensibilidad, se entregaron a la lascivia para cometer con avidez toda clase de impureza. Mas vosotros no habéis aprendido así a Cristo..."
Efesios 4.17-20

"Puesto que Cristo ha padecido por nosotros en la carne, vosotros también armaos del mismo pensamiento; pues quien ha padecido en la carne, terminó con el pecado, para no vivir el tiempo que resta en la carne, conforme a las concupiscencias de los hombres, sino conforme a la voluntad de Dios. Baste ya el tiempo pasado para haber hecho lo que agrada a los gentiles, andando en lascivias, concupiscencias, embriagueces, orgías, disipación y abominables idolatrías. A éstos les parece cosa extraña que vosotros no corráis con ellos en el mismo desenfreno de disolución, y os ultrajan; pero ellos darán cuenta al que está preparado para juzgar a los vivos y a los muertos". 1 Pedro 4.1-5

La palabra lascivia en este pasaje describe todo tipo de pecados desenfrenados, y todo desorden extremo en los placeres sensuales.

Es más, estos términos aluden a las actividades pecaminosas que caracterizan a una orgía. Esta palabra en el original griego se utilizaba para aludir a un grupo de personas borrachas y libertinas que daban tumbos por las calles, provocando toda clase de pleitos y escándalos.

Los placeres de los hombres y mujeres que no tienen en cuenta a Dios para nada en sus vidas, se describen en este pasaje bíblico como actos aborrecibles de maldad.

Para el verdadero creyente, el pecado siempre representa una carga que lo aflige y nunca un placer que lo deleita. En realidad, la mejor manera de vencer el pecado es estar lo más lejos posible de él, a tal punto, que aquellos que le rodean pueden resultar sorprendidos, ofendidos y hasta resentidos por la falta de interés del creyente en los placeres pecaminosos.

Existe una frase que resalta la importancia de esto, y es desenfreno de disolución, que a su vez se refiere a un estado de perversión en el que la persona no piensa en nada más que hacer el mal. Es lamentable ver a las multitudes que se precipitan a una carrera desordenada y descontrolada en pos de todo aquello que es pecado.

Las personas que viven y caminan en lascivia y que hablan mal de los verdaderos creyentes, acumulan una deuda cada vez mayor, y si no se arrepienten y cambian de rumbo a tiempo, tendrán que enfrentarse a un destino lamentable y desesperanzador.

Los verdaderos creyentes deben vivir el resto de sus días, en esta tierra, en obediencia y en un deseo ardiente por cumplir la voluntad de Dios; y jamás envolverse en la satisfacción momentánea de los deseos impíos de la carne.

"Y esto, conociendo el tiempo, que es ya hora de levantarnos del sueño; porque ahora está más cerca de nosotros nuestra salvación que cuando creímos.

La noche está avanzada, y se acerca el día. Deseche-mos, pues, las obras de las tinieblas, y vistámonos las armas de la luz. Andemos como de día, ho-nestamente; no en glotonerías y borracheras, no en lujurias y lascivias, no en contiendas y envidia, sino vestíos del Señor Jesucristo, y no proveáis para los deseos de la carne".
Romanos 13.11-14

Éste es el gran desafío que se debe asumir, por medio de vivir dispuestos a agradar a Dios; mani-festando, de continuo, una buena conducta exterior, que es la demostración y evidencia interna de una vida libre y redimida por medio de Jesucristo, el Salvador Eterno.

Es más, el apóstol Pablo hace una gran advertencia diciendo: "no proveáis", esta palabra tiene el hecho básico de planificar algo por adelantado o preocu-parse. Esto es exactamente lo que produce la ma-yoría de las conductas pecaminosas, siempre es el resultado de pensamientos erróneos y deseos luju-riosos a los que se les permite quedar alojados en la mente; los cuales si no se reprenden y se echan fuera, serán activados por el espíritu de lascivia.

En el próximo capítulo, analizaremos este "espíritu de la noche", cómo se mueve y actúa para cautivar y hacer presa de los humanos.

Capítulo VIII

I

El Espíritu de Lilith o la Novia de Satanás

El Espíritu de Lilith (espíritu súcubo)

En el diccionario la palabra Lilith, es definida como: *"Princesa de los Súcubo"*. En el griego, /*Líelah*/, significa *"Mujer de la noche"*, y en el hebreo, *"Espectro de la noche"*. También, podemos definirlo como el espíritu que asiste (se presenta, frecuenta, visita) a hombres y mujeres en las noches.

En sumerio, la palabra /*Lil*/ significa "aire". Enlil, por ejemplo, fue el señor /*En*/ del Aire /*Lil*/. El término más viejo relativo a /Lilith/ sería la palabra sumeria /*Lili*/, que parece inferir la misma definición de la palabra "espíritu". En muchas culturas antiguas, la misma palabra para "aire" o "aliento" era usada para "espíritu." La misma palabra "espíritus" es uno de esos ejemplos. El hebreo /*ruach*/ es otro. Por tanto, /*Lilit*/ ya era un tipo específico de demonio. Se deduce entonces que, Lilith es un demonio real que se manifiesta a través de sueños eróticos a los hombres, de la que se deriva "Bruja Nocturna".

La palabra de Dios, muchas veces, tipifica a ciertos animales comparándolos con los espíritus malignos. Tenemos el ejemplo de la serpiente, el dragón, el áspid, el escorpión, el camaleón, entre otros; estas comparaciones entre los animales y los espíritus son una representación de ellos en la tierra, tales como la mentira, inventos y camuflajes de Satanás.

Los habitantes de Edom fueron castigados por Dios, en forma radical, en el pasado. El profeta Isaías profetizó acerca de eso, y en la profecía nombra específicamente a las aves que habitarían en estas ciudades convertidas en desierto.

Siempre que había aves impuras en un lugar determinado, era señal de desolación, abandono, desorden y putrefacción.

Los historiadores contemporáneos incluyen al espíritu de **Lilith** en los escritos de Isaías 34.14. Específicamente, cuando habla de la lechuza, ave que sale en la noche para cazar y comer. También, los comentaristas e historiadores Rabinos hebraicos sostenían que:

Los espíritus súcubos son *"espíritus de las sombras"*, son femeninos y buscan de todas formas acercarse a los hombres para excitarlos durante la noche en sus sueños.

La palabra súcubo, también proviene del latín /sucubar/ y se entiende que significa yacer abajo, es decir, que se colocan debajo del hombre tal como lo haría una mujer.

Existen casos en que las personas han comunicado que en sueños o en la soledad de sus habitaciones son asaltados por espíritus que buscan tener una relación con ellos. Estos espíritus también pueden acoplarse al sistema del ser humano y posarse en determinadas zonas, así como también, quedarse en la casa como un habitante más. Otros se interponen en el lecho matrimonial trayendo infelicidad entre la pareja, poniendo muchas trabas en el camino del desarrollo personal o afectivo de los cónyuges; es decir, que no les permite tener una pareja estable.

Los súcubos son demonios que se personifican como mujeres, con el propósito de seducir a los hombres para que tengan relaciones sexuales.

No hay la menor duda que tanto hombres como mujeres atormentados por estos espíritus deben ser ministrados en liberación, con el poder del Nombre de Jesucristo.

Espíritus incubos, "los espíritus de las sombras"

El incubo también es una clase de espíritu, sólo que tienen la predilección de tomar energías de las personas a través de su sexualidad, para alimentarse de ellas hasta agotarlas física y mentalmente. Extraen la fortaleza vital y poseen a sus víctimas por la noche preferentemente.

Los incubos son espíritus impúdicos y lascivos, que cohabitan con las mujeres sin distinción de estado ni edad, efectuando toda clase de relaciones con ellas. No es extraño que casi todos los incubos hayan mostrado una marcada preferencia por las monjas.

Generalmente, atacan a mujeres solas o con problemas múltiples. Por las noches, se acercan y envían mensajes subliminales de sexualidad y placer hasta que en la víctima se forma un pensamiento constante que le produce sueños eróticos intensos.

Esto es normal hasta cierto punto, puesto que cuando el incubo siente que se le han abierto las puertas internas de la percepción, por parte de la mujer, este extrae más vitalidad hasta condensarse en el mundo de la materia y la persona puede sentir, verdaderamente, que alguien está encima de ella.

La palabra incubo proviene del latín /incubare/, y significa yacer arriba o encima, se le relaciona directamente con un espíritu maligno masculino, pues sus víctimas son mujeres. Estos espíritus, según una tradición antigua, "intentaban engendrar al anticristo".

En la Europa Medieval, un incubo, era un demonio masculino (la contraparte del Súcubo), que visitaba a las mujeres en sus sueños, y después de seducirlas, tenía relaciones sexuales con ellas en esos sueños. Incubo en latín significa **"pesadilla"**.

Algunas viudas creen que son visitadas por sus esposos fallecidos, otras que reciben visita de extraterrestres, y aun monjas que han sido embestidas por éstos, han creído que fue Jesucristo que las toma como "novias para convertirlas en sus esposas". Muchas brujas lo hacen, especialmente, para que Satanás las escoja para reinar regiones por un tiempo.

Es muy importante que la persona afectada tome la decisión de renunciar al espíritu de la "novia de Satanás", que ayune y saque tiempo para que se le ministre liberación.

El siervo de Dios Frank Marzullo, conocido por sus libros dedicados a la liberación, grandemente usado por Dios en su ministerio, detalla cómo Dios le reveló que toda persona que ha tenido estos contactos permanentes en las noches, debe renunciar al espíritu de la Novia de Satanás. En uno de sus libros amplía el concepto de los espíritus incubos diciendo lo siguiente:

"Los espíritus de incubo residen en los órganos reproductivos de las mujeres, muchas veces hacen a una mujer estéril, porque destruyen el semen del esposo, a fin de mantener esta parte de su cuerpo para ellos. Cuando una persona tiene relaciones sexuales con un espíritu, esa persona llega a ser uno con el espíritu. ¿Se imagina lo que significa llegar a ser uno con un espíritu inmundo?"

Toda persona que ha sido influenciada de una forma directa por estos espíritus, debe tomar una actitud de arrepentimiento y reconocer el poder de la sangre de Jesucristo, la cual es poderosa para perdonar todo pecado. También, debe estar dispuesta a resistir la maldad y tomar el tiempo para que le ministren liberación; y así, ser totalmente libre de esta opresión.

Capítulo IX

Los Rastros de Belial
En Caín

En este capítulo queremos instruirlos acerca de los rastros o secuela de Belial en Caín. Para esto, veremos los siguientes de:

☞ El espíritu de Caín

☞ La descendencia de Esaú, los edomitas

☞ Los 4 pecados de los Edomitas

Veamos el significado de cada uno de ellos:

1. **El espíritu de Caín:** Caín o de /Káyin/, en hebreo, significa adquisición o *posesión*.

Caín fue hijo de Adán y Eva, su vocación fue la de ser agricultor. El trajo a YHVH una ofrenda del fruto de la tierra, la cual Él rechazó. No obstante, Génesis no especifica por qué.

La intención del corazón es lo que está íntimamente escondido. Dios probó las intenciones de Caín al aceptar más la ofrenda de su hermano menor, Abel, que la de él. Abel lo hizo con más excelencia. Caín la realizó sin detalle, rápido y sin valor. La ofrenda de Caín fue evidencia de que se limitó a realizar un ritual mecánico, sin dar convencimiento de una fe auténtica.

El sacrificio de Abel fue aceptado por Dios porque fue ofrecido en fe y obediencia. Abel dio *"lo más gordo de la ovejas". Este es el detalle de la palabra "excelente".* Muchos siglos después el autor de los Hebreos considera que la obra de Abel fue "más excelente", que la de su hermano; por lo cual, alcanzó testimonio (delante de los ojos de Dios) de que era justo.

La palabra **excelente** es /pleon/ en el idioma griego, que significa más, excelente, mayor, mayoría; de la raíz de /polus/ que significa, muy numerosa.

"Por la fe Abel ofreció a Dios más excelente sacrificio que Caín, por lo cual alcanzó testimonio de que era justo, dando Dios testimonio de sus ofrendas; y muerto, aún habla por ella". Hebreos 11.4

Dios observa a Caín enojado después de que aceptó con más agrado el sacrificio de su hermano que el de él. Pero Dios también lo estaba probando. Adonai le hace la primera pregunta, para que recapacite de su enojo: *¿Por qué te has ensañado, y por qué ha decaído tu semblante?*

La palabra **ensañar** significa: *arder de cólera, celo, enardecer, airar, enojar, encender.*

Cuando una persona está seriamente enojada contra alguien, en este caso su propio hermano, su semblante cambia y la cara se transforma, se pone roja, con semblante de rabia e ira. Así estaba Caín y Dios lo vio. Juan, el Apóstol, lo compara con convertirse en homicida de su hermano.

"Nosotros sabemos que hemos pasado de muerte a vida, en que amamos a los hermanos. El que no ama a su hermano, permanece en muerte Todo aquel que aborrece a su hermano es homicida; y sabéis que ningún homicida tiene vida eterna permanente en él".1 de Juan 3.14, 15

Dios le hace otra pregunta más: *"Si bien hicieres, ¿no serás enaltecido? y si no hicieres bien, el pecado está a la puerta; con todo esto, a ti será su deseo, y tú te enseñorearás de él".*
Génesis 4.7

Dios le está mostrando, a través de sus propias preguntas y respuestas, cómo actúa la maldad en el corazón del hombre y cómo entra el pecado. Le advierte antes de que cometa pecado, para que Caín entienda y pueda usar su propio razonamiento y su "libre albedrío" para evitarlo. También, está enseñando que tenga cuidado, cuando dice: *"si no hicieres bien"* puedes *"abrir puertas"*, es decir, si la tentación está cerca, hay que tener cuidado de no caer en pecado.

El **celo y la envidia** se manifestaron literalmente en Caín, ya que hizo caso omiso de la voz de Dios; lo cual ocasionó, en su necedad, ejecutar el pecado dentro de él al manifestarse con gran cólera y asesinar a su hermano.

Dios le vuelve hacer dos preguntas más *"¿Dónde está Abel, tu hermano? ¿Qué haz hecho?"* Su justificación es negar su responsabilidad, aunque Dios conocía la verdad. El hombre frente al pecado siempre se justifica y cambia las cosas, quitándose la responsabilidad de culpa.

El Apóstol Juan considera, en su epístola, que Caín era del maligno, que sus obras y sus acciones eran malas. Él tenía la marca de la maldad, por eso se exteriorizó en odio, venganza y muerte.

"No como Caín, que era del maligno y mató a su hermano. ¿Y por qué causa le mató? Porque sus obras eran malas, y las de su hermano justas".
1 Juan 3.12

La obra de las manos de Caín reveló quién era realmente por dentro, "un hijo de la maldad". Es bueno recordar que el espíritu de Belial es la maldad personificada en el hombre "rebelde y sin ley". Por eso, el castigo de Dios hacia Caín fue ser errante.

La mitología popular (aunque está sin especificar en la Biblia) supone que Dios le puso en la cabeza una marca que lo distinguiera desde lejos para que nadie lo matara, el pelo rojo.

Hay una conexión como los eslabones de una cadena entre: el andar pecaminoso de Caín, el camino de Balaam y el espíritu de Esaú.

"¡Ay de ellos! porque han seguido el camino de Caín, y se lanzaron por lucro en el error de Balaam...". Judas 1.11

Judas, el apóstol, habla del camino de Caín comparándolo con el "error de Balaam". Balaam es llamado el vidente asalariado, ya que fue inducido por el rey de Moab a maldecir a Israel cuando iba hacia la tierra prometida. Balaam, como es mencionado en otro capítulo, al no poder maldecir al pueblo de Israel porque Dios no se lo permite, enseña a los hijos de Israel a fornicar con las mujeres moabitas. El corazón del vidente se inclinó hacia la maldad, porque siempre hubo codicia en su corazón.

2. La descendencia de Esaú, los edomitas:

Esaú o padre de los edomitas fue hijo de Isaac y Rebeca, hermano gemelo de Jacob. Su nombre fue cambiado por Edom cuando su hermano Jacob cocinó un guiso rojo y le pidió que se lo diera a comer.

El nombre de Edom significa: rojo; y Seir, el monte de los edomitas, significa *velludo*. Esaú era muy velludo, significado similar a la ciudad de Seir en tierra de Edom.

Esaú se estableció en una región que en su mayor parte estaba constituida por montañas escabrosas al Sur del mar muerto, llamado Edom. Donde los descendientes de Jacobo y Esaú, fueron enemigos perpetuos. Cuando Israel salió de Egipto, Edom le negó a su hermano Jacob el paso por en medio de sus tierras rojizas; es la cordillera montañosa que se desplaza al sur del Mar Rojo. No es casualidad que esta tierra con su cordillera rojiza coincida con el nombre de lo que Dios les dio para poblarla.

El rojo siempre se destacó en la vida de Esaú y los edomitas. De sus muchas mujeres y concubinas que escogió, fuera de su parentela, le nacieron hijos que serían, en un futuro, dos poderosas tribus acérrimas enemigas de Israel: Coré y Amalec. Estas confrontaron a Moisés camino a Canaàn.

La Nueva Era y los agnósticos usan los colores como fuerzas espirituales para diferentes ocasiones. El rojo es destacado con el sexo y la lujuria. Aunque la Biblia no entra en detalles, se puede observar que Esaú fue polígamo. Su vida fue muy inconstante y tumultuosa.

Su madre sintió la batalla desde su vientre, dice el texto sagrado: *"...y los hijos luchaban dentro de ella... y consulto a YHVH. Dios le dijo: ...el mayor servirá al menor"*.

La profecía dada por Dios antes de nacer se cumplió, los dos tenían el derecho de la primogenitura porque los dos estaban en el vientre a la misma vez, los dos eran los primeros, pero salio del vientre en primer lugar Esaú, su hermano lo estaba sujetando por el pie, impidiéndole salir. Sin embargo, la profecía decía: *"el mayor servirá al menor"*, cosa que se llevó a cabo al pasar los años.

Recordemos la vida y los hechos de Esaú. Sus padres le pidieron que no tomara mujeres extranjeras, mas su desobediencia se manifestó desde su temprana edad. Su caminar tortuoso resultó en la amargura de espíritu para Isaac y Rebeca. Ella sufría por las actitudes rebeldes de Esaú, por eso prefería y amaba tanto a Jacob, este era su consuelo. (Esto lo puede leer en Génesis 26.35). En el pasaje bíblico especifica cómo Rebeca estaba con gran fastidio por las actitudes de su hijo, y sus esposas, casi al borde de la depresión. No sólo se casó con las hijas de los heteos, sino que también tomó por esposa a la hija de Ismael, hijo de Abraham; y más adelante, se casa con las hijas de los cananitas (Génesis 27.46, Génesis 28.9).

Palabra de YHVH al profeta Malaquías.

"Profecía de la palabra de Jehová contra Israel, por medio de Malaquías. Yo os he amado, dice Jehová; y dijisteis: ¿En qué nos amaste? ¿No era Esaú hermano de Jacob? dice Jehová. Y amé a Jacob, y a Esaú aborrecí, y convertí sus montes en desolación, y abandoné su heredad para los chacales del desierto. Cuando Edom dijere: Nos hemos empobrecido, pero volveremos a edificar lo arruinado; así ha dicho Jehová de los ejércitos: Ellos edificarán, y yo destruiré; y les llamarán territorio de impiedad, y pueblo contra el cual Jehová está indignado para siempre. Y vuestros ojos lo verán, y diréis: Sea Jehová engrandecido más allá de los límites de Israel". Malaquías 1.1-5

Dios ama incondicionalmente, pero también dijo: *"De manera que de quien quiere, tiene misericordia, y al que quiere endurecer, endurece".* Romano 9.18

3. Los 4 pecados de los edomitas:

"Así ha dicho Jehová: Por tres pecados de Edom, y por el cuarto, no revocaré su castigo; porque persiguió a espada a su hermano, y violó todo afecto natural; y en su furor le ha robado siempre, y perpetuamente ha guardado el rencor". Amos 1.11

Dios es un Dios fiel, justo y verdadero con respecto a su pueblo y su llamado. Los profetas Amos, Isaías, Malaquías, Abdías y el Rey David en sus salmos, profetizaron los juicios hacia Edom. Abdías escribe su libro basado en éste. Mas Amos predice el porqué de su castigo. Veamos:

- Persiguió a espada a su hermano
- Violó todo afecto natural
- En su furor le ha robado siempre
- Ha guardado perpetuamente el rencor.

"La soberbia de tu corazón te ha engañado, tú que moras en las hendiduras de las peñas, en tu altísima morada; que dices en tu corazón: ¿Quién me derribará a tierra? Si te remontares como águila, y aunque entre las estrellas pusieres tu nido, de ahí te derribaré, dice Jehová". Abdías 1.3, 4

Uno de los pecados ocultos del corazón es la soberbia, y aunque Edom era reconocida como un lugar donde habitaba gente sabia, se advierte el mismo pecado que el del rey de Tiro, o sea la manifestación de toda altivez, insubordinación y obstinación; estableciendo un espíritu "de anarquía", que es la autosuficiencia e independencia que con lleva al libertinaje e inmoralidad progresiva. Este era el espíritu oculto que operaba en Esaú, padre de los Edomitas.

La soberbia es el pecado que Dios juzga y el que Edom cometió, porque se vanaglorió de su posición y se burló de sus enemigos.

El Señor está haciendo una comparación directa y similar con el espíritu de rebelión. *"Aunque entre las estrellas pusieras tu nido..."* Dios estaba profetizando su caída, porque debido a su soberbia, él quiere subir más arriba que Dios. Entre tanto, Dios vio el complot de Esaú al juntarse con los cananitas, heteos e ismaelitas para ir en contra de Jacob.

"Porque se confabulan de corazón a una, contra ti han hecho alianza. Las tiendas de los edomitas y de los ismaelitas, Moab y los agarenos..." *Salmos 83. 5, 6*

Este salmo confirma que el enemigo muchas veces se une con otros para perseguir a los escogidos de Dios. En varias ocasiones, Jacob ha sido juzgado duramente, ya que se ha predicado como el engañador y usurpador, pero vimos cómo Dios mismo, desde el vientre de su madre, lo llamó "el que suplanta"; porque iba a suplantar a su hermano y a heredar las bendiciones escogidas por Dios para él.

Satanás y el espíritu de Belial odian lo escogido por Dios. Recordemos cómo Jacob se humilló y peleó con el ángel. Todo hijo verdadero de Dios deberá luchar por su herencia, por su bendición. Si en ti no hay fuerzas ni deseo de las cosas de Dios, es hora de que entres en avivamiento y comiences a arder con gran pasión por tu "destino en Dios".

"...sino que juzgará con justicia a los pobres, y argüirá con equidad por los mansos de la tierra; y herirá la tierra con la vara de su boca, y con el espíritu de sus labios **matará al impío**. *Y será la justicia cinto de sus lomos, y la fidelidad ceñidor de su cintura".* Isaías 11. 4, 5

Hemos observado que pareciera que los hijos de iniquidad siguen adelante en medio de la infamia, pero Dios es el mismo de ayer, y si su pueblo clama, Él responderá. Por consiguiente, si YHVH oyó el clamor que ellos levantaron, Él también lo hará contigo.

¡Bendito sea Dios que en sus lomos está la justicia y se viste con fidelidad! ¡Él vengará a sus hijos del espíritu de Belial!

¡Los impíos serán ajusticiados! Sólo los que han sido perseguidos y golpeados por este espíritu saben de qué se trata. Dios es Dios de justicia ¡ÉL PELEARÁ POR TI!

YHVH se recordó de las oraciones de su pueblo cuando estaba en cautividad, cuando le pidió justicia a Dios.

"Oh Jehová, recuerda contra los hijos de Edom el día de Jerusalén, cuando decían: arrasadla, arrasadla hasta los cimientos". Salmos 137.7

"Porque en los cielos se embriagará mi espada; he aquí que descenderá sobre Edom en juicio, y sobre el pueblo de mi anatema". Isaías 34.5

Anatema es maldito, Dios dice que aun las ropas que tocan su cuerpo están contaminadas.

"¿Quién es éste que viene de Edom, de Bosra, con vestidos rojos? ¿Éste hermoso en su vestido, que marcha en la grandeza de su poder? Yo, el que hablo en justicia, grande para salvar. ¿Por qué es rojo tu vestido, y tus ropas como del que ha pisado en lagar? He pisado yo solo el lagar, y de los pueblos nadie había conmigo; los pisé con mi ira, y los hollé con mi furor; y su sangre salpicó mis vestidos, y manché todas mis ropas. Porque el día de la venganza está en mi corazón, y el año de mis redimidos ha llegado. Miré, y no había quien ayudara, y me maravillé que no hubiera quien sustentase; y me salvó mi brazo, y me sostuvo mi ira" Isaías 63.1-5

¿Por qué Dios castigó grandemente a Edom?

Veamos la profecía dada por el profeta Abdías:

▰ *"Por la injuria a tu hermano Jacob te cubrirá de vergüenza..."* (Abdías 1.10). Dios castigó grandemente el pecado de Edom (pecado generalizado a los descendiente de Esaú). **Injuria** puede definirse como desprecio, desaire, ofensa. Dios revela, por medio de su Palabra, que es muy importante que arreglemos las ofensas entre hermanos.

▰ *"Pues no debiste tú haber estado mirando en el día de tu hermano, en el día de su infortunio..."* (Abdías 1.12). Caín no veló ni estuvo como Esaú pendiente de su hermano. Su indiferencia se convirtió en pecado delante de Dios.

▰ *"No debiste haberte alegrado de los hijos de Judá en el día en que se perdieron ..."* (Abdías 1. 12). Delante de Dios es un grave pecado alegrarse en el corazón de la caída del hermano.

▰ *"...ni debiste haberte jactado en el día de la angustia"* (Abdías 1.12). El espíritu que operaba en todos los habitantes edomitas **hizo que se jactaran** en el día de la angustia de los israelitas. Se jactaban como nación y se gozaban del mal que les había caído. Delante de los ojos de Dios jactarse de la desgracia de otros es una falla muy grande.

▰ *"No debiste haber entrado por la puerta de mi pueblo..., ni haber mirado su mal en el día de su quebranto..."* (Abdías 1.13). Cuando Jerusalén estaba siendo saqueada por los babilonios, los edomitas aprovecharon esta situación para ponerse del lado de los enemigos de Israel.

➤ *"...ni haber echado mano a sus bienes en el día de su calamidad..."* (Abdías 1.13). Cuando alguien está en pecado es más vulnerable y débil espiritualmente, nadie puede aprovecharse de esa debilidad para saquearlo y desnudarlo. Los edomitas aprovecharon que las puertas de Jerusalén estaban sin guardia para entrar abiertamente y saquear los bienes. Recordemos que el Señor es balanza de justicia y juicio es su trono. No deberían haberles robado cuando estaban siendo heridos y ultrajados.

➤ *"Tampoco debiste haberte parado en las encrucijadas para matar a los que de ellos escapasen..."* (Abdías 1.14). Qué corazón más ruin el de los edomitas. Ellos mataban por la espalda a los que podían huir de los asirios sanguinarios. Edom asesino a su hermano como si fuera su enemigo, igual que lo hizo Caín cuando aprovechó su ira para vengarse de su hermano. Igualmente, nuestra indiferencia puede matar, y nuestro resentimiento escondido también. Dios está llamando a su pueblo a la sinceridad.

➤ *"...ni debiste haber entregado a los que quedaban en el día de angustia"*. (Abdías 1.14). A los que quedaban vivos los arrestaban y los entregaban a los enemigos. Dios castigó duramente estas acciones de los edomitas.

El profeta Abdías recibe una visión de Dios, y es enviado a pronunciar destrucción total sobre Edom por su trato hacia Israel. Los edomitas se opusieron a Saúl, y fueron sujetados bajo el reinado de David y Salomón.

En el reinado de Josafat pelearon en contra de él y, exitosamente, se revelaron en contra de Joram. Más tarde, Edom fue controlada por Asiría y Babilonia, y en el siglo V a.c., los edomitas fueron forzados por los Nabateos a dejar su territorio. Se mudaron a la zona de Palestina del sur y llegaron a ser conocidos como los edomitas.

Herodes el grande era un edomita que se convirtió en el rey de Judea bajo el imperio de Roma en el año 37 a.c., en un sentido irónico la enemistad entre Esaú y Jacob, continuo en el intento de Herodes por asesinar a los niños y a Jesús. Los herodianos eran edomitas y muchos de los zelotes que tomaron parte en la defensa de Jerusalén. Después de este acontecimiento la historia dice muy poco de ellos.

Los edomitas participaron en la rebelión de Jerusalén en contra de Roma y fueron derrotados, juntamente con los judíos, por Tito el grande, en el año 70 d.C. Luego de esta fecha, ya no se volvió a oír más de ellos.

La siguiente palabra de Dios, dicha por el profeta Abdías, que dice: *"ni aún resto quedará de la casa de Esaú"*, se cumplió.

Más hay otra profecía gloriosa.

"En aquel día yo levantaré el tabernáculo caído de David, y cerraré sus portillos y levantaré sus ruinas, y lo edificaré como en el tiempo pasado; para que aquellos sobre los cuales es invocado mi nombre posean el resto de Edom, y a todas las naciones, dice Jehová que hace esto"
Amos 9.11, 12

El Espíritu de Dios está haciendo un llamado decisivo en estos días, para que los llamados "cristianos" se comprometan fielmente en su totalidad delante de Dios.

El espíritu de Caín, Esaú y Belial, son espíritus que gozan en hacer su propia voluntad. Dios dijo que aborreció a Esaú, pues la luz y las tinieblas no pueden tener comunión. Esaú fue testarudo y despreció las cosas espirituales, típico del hombre carnal; y tanto Esaú como su generación fueron contrarios a la generación escogida por Dios.

Dios está llamando a sus hijos para que se comprometan a obedecerle a Él incondicional-mente, para que sean el "Israel de Dios". Si bien, aunque al principio hay dificultad, Él prometió que el estado postrero será mayor que el primero.

"Los Jacobs" en Dios se convierten en Israel, redimidos de Dios, Monte de Sion.
"Y subirán salvadores al monte de Sion para juzgar al monte de Esaú; y el reino será de Jehová" Abdías 1:21

La confrontación que comenzó en un vientre terminará en el tiempo futuro, cuando el Monte de Sion, casa de Jacob, se levante para juzgar a la casa de Esaú y el reino de nuestro Señor Jesucristo permanecerá por los siglos de los siglos

"Porque el Señor celebra un día de venganza, un año de desagravio para defender la causa de Sión". Isaías 34.8

Otorgaron "causa," en el sentido de una causa legal. La palabra hebrea es /reeb/. La concordancia de Strong le rinde a "un certamen" (personal o legal)". En otras palabras, Dios hace una cita para el tribunal de Edom, porque Él tiene una causa legal, o una controversia, concerniente a "Sion," eso es referente a la administración del Reino. Porque el Sion original fue el lugar del trono de gobierno de David. Sion se convirtió en un símbolo de la administración del Reino. Por supuesto, de este lado de la Cruz creemos que la nueva Jerusalén tiene prioridad sobre la antigua Jerusalén; y asimismo, hay un nuevo Sion que es distinto de la localidad original.

Una vez que tenemos por entendido que las profecías con relación a Esau se supeditan a todos estos nombres diversos, es aparente que la Biblia esté llena de profecías en contra de los descendientes de Esau en los últimos días. Muchos no se percatan de esto, sin embargo, muchas declaraciones proféticas son dirigidas a uno de los otros nombres: Edom, Idumea, Seir, Teman, o Amalec.

La profecía muestra dos montes, el monte de Satanás y el monte de Dios, el monte de Sion y el monte de Esaú, ¿en cuál monte estás parado? ¿Estás en el de la promesa buscando la herencia eterna, o en el del la carnalidad buscando los placeres pasajeros de la vida?

Hoy es el tiempo de la decisión. No dejes que Belial robe tu primogenitura ni tu herencia.

Capítulo X

Simei el Insultante

Belial y la Maldición

El espíritu de Belial es una fuerza espiritual que conglomera muchos espíritus trabajando a su favor. Desde la injusticia hasta intentar adjudicarse en posiciones estratégicas por medio de la mentira y el fraude.

Odia fuertemente todo lo que sea pionero y, en especial manera, aquellos vasos de honra de Dios, donde se ha depositado la Unción del Santo Espíritu.

El rey David tuvo que confrontar muchas batallas físicas, emocionales (dentro de su alma) y con su espíritu. Por otro lado, no siempre es fácil discernir de dónde provienen los dardos al estar bajo un ataque espiritual, y mucho menos si el atacante es un familiar o una persona cercana. La mayoría de las veces, Belial manifiesta el espíritu **de venganza y maldad** usando a las personas que menos uno podría pensar.

Esta táctica es usada para:

- Desconcertar a la persona para que no sepa cómo salirse de la situación embarazosa en que se está envolviendo.
- Desviar el enfoque hacia lo que no es.

☞ Producir una intensa y continua confusión, ligando los sentimientos humanos de las personas expuestas en esta situación.

Para ganar la batalla hay que tener la mente clara para saber hacia dónde enfocarse y quién es realmente el enemigo. Si no se tiene esto en claro y el enemigo logra desviar a la persona, la llevará hacia la derrota y el fracaso.

La persecución tanto física como espiritual que confrontó el rey David fue:

1. Hacia el **llamado divino** que recibió. Este consistía en el poder de conquista.
2. Hacia la **autoridad del Reino**, por ser escogido como Rey.
3. Hacia la **unción de guerra** derramada sobre su vida como profeta de Dios.

¿Qué es lo que el espíritu de Belial odia?

Él siempre trabaja en lo oculto, detrás de una máscara. No tolera que se le descubra, tampoco soporta que se haga justicia divina. El espíritu de Belial es maldad encubierta; él siente un deseo incontrolable de venganza cuando es descubierto, porque su obra es:

☞ Injusticia
☞ Fraude
☞ Estafa
☞ Confusión producida por la mentira y el engaño.

La Biblia nos revela que David fue llamado a establecer fuertemente el reino de Israel, y que a la vez, éste sería una proyección y tipo del Reino de Dios, que en un futuro sería establecido por Jesucristo en los corazones de millones de hombres y mujeres que se convertirían en sus discípulos; conformando su Iglesia universal.

Cuando hay un deseo ardiente en lo profundo del corazón de un siervo de Dios para establecer su reino y no el reino personal, Satanás se levanta con odio y venganza. El Rey David se enfrentó con varios enemigos humanos y espirituales, no sólo Reyes, sino diferentes personas que se opusieron a su reino.

Analizaremos, brevemente, sólo tres de estos enemigos en este capítulo:

1. El espíritu de Saúl
2. El espíritu de Absalón
3. El espíritu de Simei

1. **Saúl** persiguió constantemente a David con el propósito de matar el llamado divino que reposaba sobre él. Esto lo hizo negándolo y rechazándolo de diversas maneras y formas. Evidentemente, David estaba bajo la influencia perturbadora de un espíritu maligno que lo atormentaba y le producía un deseo de venganza, frustración y odio contra lo que Dios había ungido; esto, con el fin de ocupar la posición del reino en lugar de David.

Samuel lo describe con el nombre de rebelión. Este es un espíritu que persigue siempre a los ungidos de Dios.

"Y Samuel dijo: ¿Se complace Jehová tanto en los holocaustos y víctimas, como en que se obedezca a las palabras de Jehová? Ciertamente el obedecer es mejor que los sacrificios, y el prestar atención que la grosura de los carneros. Porque como pecado de adivinación es la rebelión, y como ídolos e idolatría la obstinación. Por cuanto tú desechaste la palabra de Jehová, Él también te ha desechado para que no seas rey" 1 Samuel 15.22, 23

La actitud y forma de proceder de Saúl es comparada con una persona carnal desobediente, que aunque dice congregarse entre los santos y participar con ellos, sus acciones lo delatan con aquellos que practican la hechicería y la adivinación.

Hay razones específicas para entender que un espíritu de adivinación se movía en él, y Dios lo castigó por varios pecados.

• Toma el lugar del profeta Samuel y ofrece sacrificio; un oficio que sólo le correspondía al sacerdote y no al rey.

• No acabó con los amalecitas. Dios le había prometido a Moisés que un rey acabaría con este gran enemigo de Israel; y Saúl, por ser el primer rey escogido, tenía esta responsabilidad, ya que posaba sobre él el hecho de ser instrumento para el cumplimiento de esta profecía. Él era el escogido para hacer venganza contra los amalecitas. Sin embargo, Saúl pecó al dejar parte de ellos. Y fue un amalecita quien le dio muerte en el campo de batalla cuando estaba herido.

- Visitó a una médium para consultar a los muertos. La palabra de Dios decía que todo aquel que hiciera vileza y consultara a los adivinadores, tenía que morir.

- Saúl se airaba frecuentemente, dejándose llevar con pensamientos de asesinato.

- El espíritu de rebelión, ira, desobediencia y adivinación es muy común verlo en aquellos llamados cristianos o cristianas que no se someten a la autoridad pastoral, siendo propensos a caer prisioneros del espíritu de control y manipulación. Si la persona no se arrepiente a tiempo, puede caer presa en condenación eterna, ya que el espíritu de engaño tomará su mente para hacerle creer que esta obrando correctamente.

2. **Absalón,** el propio hijo de David, cae bajo la influencia del espíritu de rebelión cuando se revela en contra de la autoridad de David; dada por Dios en su reinado. La influencia de su suegro, que no era israelita, contribuyó a que se acrecentara la conspiración.

Dios desde un principio fue claro en ordenar estrictamente la importancia de la unión marital y colocar reglas tales como: no tomar mujeres fuera de las tribus de Israel ni casarse con mujeres gentiles.

3. **Simei** era de la tribu de Benjamín, pariente que quedó de la casa de Saúl.

Simei fue cautivado por un espíritu de odio y venganza, que fue transferido por el espíritu de Belial para criticar y maldecir a David. Simei, intencionalmente, se aprovechó de la debilidad sentimental del rey, ya que en esa oportunidad, David estaba pasando uno de los momentos más críticos de su vida, debido a que su propio hijo estaba dándole un golpe de estado, es decir, traicionándolo.

Simei es el espíritu malvado que aprovecha la debilidad de los hijos de Dios para enseñorearse de ellos.

"Simei de la familia de la casa de Saúl... salía maldiciendo, y arrojando piedras contra David, y contra todos los siervos del rey David; y todo el pueblo y todos los hombres valientes estaban a su derecha y a su izquierda. Y decía Simei, maldiciéndole: ¡fuera, fuera, hombre sanguinario y perverso! Jehová te ha dado el pago de toda la sangre de la casa de Saúl, en lugar del cual tú has reinado, y Jehová ha entregado el reino en mano de tu hijo Absalón; Y mientras David y los suyos iban por el camino, Simei iba por el lado del monte delante de él, andando y maldiciendo, y arrojando piedras delante de él, y esparciendo polvo". 2 Samuel 16. 5 - 8,13

Simei estaba juzgando déspotamente las acciones de David por haberles entregado a los gabaonitas, a siete varones de la casa de Saúl para ejecutarlos. En todos estos movimientos, Dios estaba en el asunto, porque YHVH había dicho que su mano se había apartado de la casa de Saúl.

En 2 de Samuel 21.1, dice la palabra que por espacio de tres años hubo hambre en la tierra. Esta maldición estaba abierta para todo el territorio de Israel, y todavía nadie la había cerrado. Sin embargo David, insistentemente, consulta a YHVH hasta que recibe respuesta: *"... y YHVH le dijo: es por causa de Saúl, y por aquella casa de sangre, por cuanto mató a los gabaonitas"*. Los gabaonitas tenían un pacto perpetuo delante de Josué y Dios de que no serían eliminados, pero Saúl bajo ese espíritu de rebelión y maldad, sin consultar a Samuel como profeta, ejerce juicio matando a los gabaonitas.

Inmediatamente, cae maldición contra todo el pueblo y Dios lo castiga (por el pecado del rey Saúl) mandando hambre por tres años. Por lo que David se pone como intercesor delante de Dios y, al recibir la respuesta divina, se llega a ellos para poder frenar la maldición y así cerrar las puertas a la devastación.

Para clausurar la maldición hecha, los gabaonitas piden siete varones de la descendencia de Saúl, y después de su ejecución vuelve la calma sobre Israel y la maldición es abolida.

Simei maldijo y se opuso abiertamente contra aquel que cerró la fuente del anatema y había traído paz sobre el pueblo. Debemos entender algo muy importante, Simei maldecía a David bajo un espíritu de confusión y mentira.

Cuando un espíritu de confusión opera alimentado por Belial, éste siempre intenta maldecir a lo que Dios determina bendecir. Cuando se mueve el espíritu de injusticia, Belial está detrás.

No hay la menor duda de que David había hecho lo correcto delante de Dios. Había terminado con la maldición en que todo Israel cayó por causa de Saúl. Por el contrario, la maldición de exterminio que Saúl hizo contra los gabaonitas, más tarde cayó sobre él mismo y sus descendientes. Aquí se cumple la palabra que todo lo que el hombre sembrare esto recogerá, pues la maldición abierta por Saúl regresó a su descendencia exterminándolos a todos. Un ejemplo más de que la maldición nunca podrá prosperar contra aquellos que Dios ha determinado rodear de bendición, ya que hace un vallado de protección alrededor de ellos.

Simei es el tipo del creyente sin discernimiento y sin entendimiento espiritual, que juzga las acciones de los siervos de Dios ignorantemente. Simei maldijo a David y lo **acusó de sanguinario**, mientras que el sanguinario fue Saúl por hacer una matanza sin que Dios lo ordenara ni lo aprobara.

Cuando se mueve el espíritu de Belial en una congregación, a lo bueno se le llama malo y a lo oscuro se le llama blanco. Cuando las mentes son confundidas y se pronuncian palabras negativas intentando maldecir las acciones de siervos escogidos y ungidos, hay que tener cuidado y apartarse definitivamente de aquel que juzga, porque, muchas veces, se mueve en él o ella el mismo espíritu que engañó a Simei.

Cuando se manifiesta el espíritu de Simei, lo que hace es traer confusión para que, donde Dios se está moviendo, no se crea que Él es el que se está moviendo o viceversa. Lo que produce todo esto es una activación de confusión en el mundo espiritual, fluyendo una falsa unción, o sea una unción falsificada que no fue activada por el Espíritu Santo, sino por el espíritu de Belial para tratar de confundir y hacer errar el camino de los valientes; y que ellos pierdan la herencia para siempre.

Lo que el espíritu de Simei intenta hacer es fortalecerse activado por Belial, para hacer abortar la herencia a todos aquellos que están a punto de poseerla, ¿sabes cuanta gente ha perdido los propósitos de Dios en su vida?, como de prosperidad y bendición en la presencia de Dios.

Las acciones de los siervos no se pueden juzgar livianamente, sin discernir a Dios en cada acto.

Hay personas que no reconocen lo que Dios ha depositado en otras vidas. ¡Cuida bien tus sentimientos!, nunca debes llegar a la amargura ni a tomar actitudes contra personas que cumplen funciones mayores que tú.

¿Por qué David queda tan pasivo frente a las afrentas?

Cuando un siervo de Dios está herido emocionalmente, es un blanco seguro para el enemigo. Su estado es la debilidad espiritual, y su fe está aprisionada dentro de sus propios sentimientos. Esto es lo malo.

La fe tiene que estar siempre por encima de las emociones.

Los sentimientos de David estaban afectados por la situación familiar. Primeramente, su hijo Absalón lo había traicionado rebelándose en contra suya para usurpar el trono. Por esa causa, David le dio poco valor a las amenazas y maldiciones de Simei, debido a que su conciencia estaba libre de ese acoso porque su dolor era otro.

La lección que podemos sacar de este pasaje es que David se autoculpó, porque llegó a creer que la situación en que se encontraba era permitida por Dios.

En ese momento, David tenía unos de sus hombres valientes a su izquierda y otros a su derecha. De esta misma forma, todo hombre de Dios necesita a hombres y mujeres leales y fieles al lado de ellos, que le apoyen y estén certeros de su llamado. Pues habrá momentos en que se levantarán circunstancias haciéndolo sentir débil, y no podrá pelear por sí solo. Dios, en esos momentos, usa a los valientes escogidos para que estén a su lado.

David no conocía esa parte tan importante y decisiva para su vida y ministerio. Dios tenía preparado a estos hombres fieles, para que en los momentos difíciles de su vida salieran en su defensa.

Estando los guerreros de David ubicados a su derecha e izquierda, de repente, sale Simei (era un pariente de la casa de Saúl que había quedado vivo). En ese instante, comienza a insultar al Rey David, gritándole: ¡hombre sanguinario, perverso!, ¡apártate! ¡Hombre sanguinario, el reino no es tuyo, el reino verdadero era de Saúl, tú se lo robaste!. Sin saber que no fue David quien arrebató el reino, sino que fue todo lo contrario, fue Dios mismo el que intervino en justicia extraordinaria a consecuencia de la desobediencia.

- Con esta actitud, Simei le recuerda a David que es de la casa de Saúl y que no lo acepta ni lo reconoce como rey.
- Simei es todo aquello que tiene que ver con el pasado, con lo que ya no es.
- Simei se va a levantar intentando tirar piedras, pero en ese caso, quédate quieto, mantente callado y en descanso delante de él.

Cuando alguien está bajo la unción, Dios mismo lo defiende. No tienes porqué preocuparte ni desesperarte, eso es lo que el enemigo intenta producir. No te muevas cuando estés frente a las amenazas de Simei, mantente quieto y sereno donde estás, solamente vela y ora para que la unción del Espíritu Santo no falte; procurando mantenerte más cerca de la presencia de Dios, como nunca antes. De esta manera, comenzarás a ser testigo de lo fresco y lo nuevo de Dios, que transmitirá vida a tu espíritu y alma, y te levantará en un mayor nivel de unción y victoria.

Recuerda que Dios siempre saldrá en defensa de lo que Él mismo ha ungido y separado para su servicio.

Simei tenía dos alternativas:

▬ Estar en la posición por la cual opto

▬ Humillarse reconociendo que ya Saúl no estaba y que David había ocupado ese lugar en el trono.

No dejes que "Simei" cambie tu forma de ser, por su intimidación al levantar la voz contra ti. Su vociferar es contrario a la unción de Dios. Más bien pregúntate, ¿qué es lo que estará intentando producir en mí?

1) Que sigas pensando y trayendo a tu memoria el recuerdo de la unción del pasado.

2) Que pierdas tu identidad de heredero en el Reino de Dios.

3) Que te unas a lo que él piensa, lo cual es contrario al propósito de Dios.

Si tú en verdad amas y obedeces a Dios y estás dispuesto a guardar su palabra, sobre ti hay una promesa que cualquier maldición que ha querido caer sobre ti, la misericordia e intervención de Dios, la tornará en bendición para ti y tus generaciones.

En Simei sólo quedaba el recuerdo del pasado, mas lo nuevo de Dios es frescura y renuevo de gloria en gloria. Todo lo que proviene de Cristo tiene vida y siempre se está renovando. Por tal motivo, el poder opositor de las tinieblas tratará de levantarse para obstruir y obstaculizar todo aquello que traiga movimiento y cambios de Dios.

Dios quiere bendecirnos por causa de nuestros enemigos. Él está contemplando nuestro caminar diario y sabe cuándo sufrimos afrentas, ataques, insultos o agravios. Él dice en su Palabra que el hombre nunca por sí mismo busque venganza. Más bien, que esté dispuesto a perdonar y a entregarle toda carga emocional. Esta actitud cambiará la maldición en bendición, de lo contrario, se perderán las bendiciones preparadas de ante mano. El Señor puede transformar cualquier situación a tu alrededor, cambiando lo adverso que ha producido el enemigo para bendición y vida.

David no tomó venganza de Simei y sus maldiciones, ni guardó malos pensamientos o actitudes en contra de aquellos que lo habían ofendido. Pero a su tiempo, Simei recibió su castigo por haberse revelado contra la autoridad establecida por Dios.

¿Qué actitud tomar frente a los enemigos?

▸ Agradece a Dios en cada momento y nunca te desanimes en medio del ataque que estás enfrentando.

▸ Siempre debes estar dispuesto a sacar una edificante enseñanza en cada situación que tengas que confrontar.

▸ Incrementa el nivel de intercesión por cada una de las personas que te han querido maldecir y que han despreciado el llamado de Dios en tu vida.

▸ Siempre debes estar dispuesto a servir de corazón.

▸ Recuerda que la venganza es de Dios, y si te mantienes fiel a Él, a su tiempo, verás la recompensa.

Existe una aplicación extraordinaria en la actitud que tomó David cuando impidió que Abisai, el hermano de Joab, matara a Simei en venganza por lo que había dicho. Aunque no era para menos, había atacado al que era rey de Israel.

"Pues Abisai dijo: ¿Por qué maldice este perro muerto a mi señor el rey? te ruego que me dejes pasar, y le quitaré la cabeza. Y el rey respondió: ¿Qué tengo yo con vosotros, hijos de Sarvia? Si él así maldice, es porque Jehová le ha dicho que maldiga a David. Quién, pues, le dirá: ¿Por qué lo haces así?".
2 Samuel 16.9, 10

Por tanto, David dijo:

"...He aquí, mi hijo que ha salido de mis entrañas, acecha mi vida; ¿cuánto más ahora un hijo de Benjamín? Dejadle que maldiga, pues Jehová se lo ha dicho. Quizá mirará Jehová mi aflicción, y me dará Jehová bien por sus maldiciones de hoy". 2 Samuel 16.11, 12

Tiempo después, cuando Absalón fue destruido en el bosque de Efraín (en Jordán, a sólo unas pocas millas al sur del lugar natal de Eliseo, el profeta), David estaba regresando victorioso a Judea. En ese mismo momento, Simei se dirigió apresuradamente a Gilgal, justo al oeste del río Jordán, para encontrarse con David.

"y dijo al rey: No me culpe mi señor de iniquidad, ni tengas memoria de los males que tu siervo hizo el día en que mi señor el rey salió de Jerusalén; no los guarde el rey en su corazón. Porque yo tu siervo reconozco haber pecado, y he venido hoy el primero de toda la casa de José, para descender a recibir a mi señor el rey. Respondió Abisai hijo de Sarvia y dijo: ¿No ha de morir por esto Simei, que maldijo al ungido de Jehová? 2 Samuel 19. 19, 21

Es evidente que si David le había perdonado la vida a Simei en los tiempos que él lo había afrentado, produciendo tribulación y amargura cuando éste le lanzaba piedras y le maldecía, ¿cuánto más David estaba ahora dispuesto a perdonarle la vida al mismo hombre, en un momento de victoria, la que él, en fe sincera, atribuía al Señor?

Y David respondió:

"¿Qué tengo yo con vosotros, hijos de Sarvia, para que hoy me seáis adversarios? ¿Ha de morir hoy alguno en Israel? ... No morirás. Y el rey se lo juró".
2 Samuel 19.22, 23

Una vez más podemos ver lo que había en el corazón de David, un sentir de misericordia, generosidad y compasión. David había entendido aquello que había influido en Simei para actuar de la manera que lo hizo. Esto nos muestra lo perjudicial que es la contaminación de Belial, en aquellos que logra abrir canales, para atacar a los ungidos de Dios.

Dios nos ha redimido de la Maldición

La palabra del Señor, en Gálatas 3.13 nos dice que Jesucristo nos redimió de la maldición de la ley cuando se hizo maldición por nosotros.

Ahora bien, si Jesús nos redimió de la maldición de la ley ¿Por qué todavía hay tantos creyentes que están siendo en una manera u otra afectados por la maldición? ¿Qué significa que Él nos redimió de la maldición de la ley?

La palabra **redimir** significa:

- Rescatar
- Sacar de la esclavitud
- Pagar la deuda pendiente en su totalidad.

Cristo canceló toda deuda en la Cruz del Calvario, y para que podamos entender esto, debemos conocer qué la redención es legalmente nuestra y saber que toda iniquidad, rebelión y pecado fueron abolidos para siempre. También, que la bendición de Dios nos pertenece a través del precio que Él pagó en la cruz. Eso fue lo que Jesús hizo, pagar por todo. Sin embargo, todavía hay quienes no se han apropiado debidamente de lo que hizo Jesucristo por ellos.

No puedes permitir, bajo ninguna circunstancia, que el espíritu de Simei te tire piedras y maldiciones para quitarte lo que Dios te ha prometido. Recuerda, legalmente Jesús ya pagó por ti en la cruz. Por tal motivo, debes mantenerte firme, reclamando todo aquello que Dios ha prometido derramar sobre tu vida. Nunca seas movido de tu estabilidad y firmeza, porque las bendiciones de lo alto no podrán ser anuladas, no importa cuales sean los gritos de las voces extrañas.

Capítulo XI

Finess, el Matador de gigantes

*"Se unieron asimismo a **Baal-peor**, y comieron los sacrificios de los muertos. Provocaron la ira de Dios con sus obras, y se desarrolló la mortandad entre ellos. Entonces se levantó Finees e hizo juicio, y se detuvo la plaga; Y le fue contado por justicia de generación en generación para siempre"*
Salmo 106.28-31

En el salmo 106, David declara acerca de la conducta de Israel y de cómo esta nación llamada y escogida por Dios, entró en rebelión y desobediencia al caer en la idolatría más baja, que fue la adoración a Baal.

Israel se reunió en un lugar llamado *Baal-peor*, donde comieron de los sacrificios de los muertos, dedicaron, honraron y adoraron a los ídolos de los Madianitas y los Moabitas, los cuales eran enemigos declarados de Israel.

En este Salmo, David nos hace recordar que provocaron la ira de Dios con sus obras. Las cuales desataron la mortandad entre ellos y provocaron el juicio de Dios.

*"Moraba Israel en Sitim; y el pueblo empezó a fornicar con las hijas de Moab, las cuales invitaban al pueblo a los sacrificios de sus dioses; y el pueblo comió, y se inclinó a sus dioses. Así acudió el pueblo a **Baal-peor**; y el furor de Jehová se encendió contra Israel".* Números 25.1-3

153

La ira de Dios vino contra sus hijos por la contaminación sexual que tuvieron con las mujeres extrañas.

Baal-peor, en ingles, lo vemos así: "Lord of the opening". La traducción de la palabra "opening" es la siguiente:

- Abrir boquete, abrir brecha, aportillar la cerca, abrir agujero.
- Un boquete o un agujero en algo, especialmente uno con el cual usted puede ver través de, o pasar.
- Oportunidad de hacer algo
- El acto de abrir algo

Como analizamos anteriormente, vimos que la provocación de la ira de Dios se produjo por abrir puertas al pecado. Dios estaba preparando al pueblo para entrar en la tierra prometida, pero una de las opciones para entrar y participar de estas bendiciones sería la SEPARACIÓN total de Israel con los demás pueblos gentiles que tenían costumbres paganas. Israel era una nación santa, separada para Dios, por eso, YHVH era celoso de sus hijos y no toleraría la contaminación.

Baal-peor o señor de la abertura, era dios de los Moabitas y se adoraba con ritos obscenos. No sólo los Israelitas cayeron en la adoración de este ídolo, sino que la contaminación sexual comenzó a extenderse en medio de ellos.

Dios había prometido que enviaría a su Ángel para que los introdujera en la tierra de Canaán. Pero, antes de alcanzar la promesa, comenzaron a desviarse de la palabra de santificación que habían dado delante de Moisés y delante de la gloria de Dios en el Monte Sinai. En estos momentos, se encontraban acampando en Sitim, última ciudad en donde acamparon antes de entrar a la tierra prometida, ubicada frente a Jericó. Fue en este lugar, donde Israel comenzó a desviarse por las instigaciones que le hacían los Madianitas y los Moabitas a adorar a **Baal-peor**. Israel, paulatinamente, comenzó a ceder a estas prácticas de idolatría y paganismo.

El pueblo acudió a **Baal-peor,** y cuando el pueblo de Israel se unió a hacer lo que hacían los Madianitas y los Moabitas, el furor de Dios se encendió contra ellos. Entonces, Dios le dio a Moisés ciertas indicaciones que tenía que seguir para comenzar una acción de juicio de su parte en contra de Israel. He aquí la Biblia nos dice:

"Y Jehová dijo a Moisés: toma a todos los príncipes del pueblo, y ahórcalos ante Jehová delante del sol, y el ardor de la ira de Jehová se apartará de Israel". Números 25.4

Esta era una demanda muy difícil, algo que Dios estaba exigiendo.

"Entonces Moisés dijo a los jueces de Israel: matad cada uno a aquellos de los vuestros que se han juntado con Baal-peor". Números 25.5

En medio de todo esto, Dios está declarando la manera de parar el pecado de idolatría, paganismo, invocación a demonios y a espíritus malignos; y la veneración a deidades paganas.

Mientras tanto, parte del sacerdocio, levitas y pueblo se congregaron para llorar y orar a las puertas del Tabernáculo de reunión, y sucedió algo inesperado, mucho más grave que acrecentaba el juicio divino, conforme nos indica la palabra.

"Y he aquí un varón de los hijos de Israel vino y trajo una madianita a sus hermanos, a ojos de Moisés y de toda la congregación de los hijos de Israel, mientras lloraban ellos a la puerta del tabernáculo de reunión". Números 25.6

A un varón de Israel se le ocurrió escoger a una mujer de Madián frente a los ojos de Moisés y de toda la congregación, acto que desafiaba la justicia divina de Dios. Esto realmente constituía una provocación, un intento de introducir a un gentil dentro de lo más sagrado de la fe de Israel, que era el tabernáculo, junto con el incienso de adoración y arrepentimiento por lo que estaba sucediendo.

A la vez, esto indicaba la sagacidad del enemigo en un esfuerzo por introducir el culto a la fertilidad de la religión de Baal, con sus prácticas de prostitución ritualistas, intentándola mezclar con la fe de Israel.

El plan malévolo de Balaam

Este había sido el plan elaborado que Balaam había indicado a Balac, rey de Moab, y a los moabitas, diciendo: "yo no puedo maldecir a Israel a pesar de mi cambio de ubicación geográfica, donde quiera que me ubique Dios me hace establecer palabra de bendición para Israel ".

Balaam le dio al Rey de Moab un plan: "tú puedes hacer que la ira de Dios se encienda contra Israel, y la forma más efectiva es enviando mujeres cohabitas y madianitas que se mezclen con los hijos de Israel y los hagan pecar, llevándolos en pos de otros dioses ".

Esto es notorio, Balaam no pudo maldecir, pero si dio estrategias para que el pueblo de Dios cayera en pecado y así provocó la ira de Dios sobre Israel. Con esto, el enemigo estaba logrando el efecto que quería, pues la nación completa de Israel había sido desviada. Como consecuencia de esta práctica, de pecado e inmoralidad, todo Israel se unió en la idolatría. Los israelitas cayeron bajo el yugo del dios falso de los moabitas y de los madianitas.

Aparentemente, nadie estaba dispuesto hacer algo, mas en medio de todo esto, había un joven llamado **Finees**, que aparece en la escena en forma inesperada y dispuesto a hacer justicia ante Dios. Él tenía un celo vivo por la santidad de Dios.

¿Quién era Finees?

Era hijo de Eleazar, nieto de Aarón, hermano de Moisés y el primer sumo sacerdote que Dios escogió. El Finees que se menciona en esta oportunidad, era capitán por encima de los que guardaban las puertas del Tabernáculo de Reunión, así como sus ancestros guardaron la entrada al campamento.

Como fue nieto directo de Aarón, él venía por línea directa del primer sumo sacerdote escogido por YHVH. Tenía la herencia en su sangre para servir en el templo, también de ocupar el lugar de eminencia del sacerdocio, procediendo de la verdadera estirpe sacerdotal.

En el libro de Jueces 20.28, declara que era Sacerdote y ministraba continuamente delante del arca del testimonio, consultando a Dios para saber si Israel tenía que ir a la batalla, o no. A lo que le fue confirmado afirmativamente, diciéndole Dios mismo:

"...Y Jehová dijo: Subid, porque mañana yo os los entregaré"

Lo más importante en cuanto a Finees es que Jehová estaba con él. Cuando Dios lo escoge para ser sacerdote, era apenas un joven de 20 años, con todas sus fuerzas y capacidades. No solamente fue llamado para recibir unción sacerdotal, sino también la unción de guerra. Era un destacado guerrero para establecer los principios de Dios. Por lo que la justicia de Dios cae sobre él. Por otra parte, la palabra dice: *"y vio esto"*, lo que nos enseña que mientras oramos e intercedemos delante de la presencia de Dios, nuestros ojos espirituales se abrirán, y es cuando viene el de repente de la unción de discernimiento, visiones y revelaciones que nos muestran cómo detectar al enemigo y dónde está sutilmente escondido.

Hay un momento de orar, pero llega el momento de actuar. Al hacerlo, estamos determinando nuestra posición y firmeza, pues el Reino de Dios está integrado y formado por gente dinámica, activa, valerosa; que está dispuesta a ir en pos de aquello que Dios le está mostrando. Nunca habrá lugar para la pasividad ni la pereza si tenemos la destreza y habilidad para movernos en la rapidez del Espíritu de Dios.

Cuando Finees vio la situación, fue tras el varón que estaba pecando con la mujer madianita y los alcanzó hasta la tienda donde estaban, y los alanceó a ambos, no sólo al varón israelita, sino también a la mujer por el vientre.

Note que al llegar Finees a la tienda los atravesó con la lanza, ya que el varón de Israel y la mujer madianita estaban practicando el acto sexual y lascivo. Finees fue directamente a la raíz, para desarraigar por completo la obra de maldad y pecado que estaba produciendo la muerte de miles de israelitas

Este varón que pecó era Zimri, el cual significa *"mi música"*. En la raíz hebrea, este significado tiene que ver con **cantar alabanzas o tocar instrumentos.** Zimri fue atraído por el placer de sus ojos, ya que codició y deseó, inclinando su corazón al pecado y desobediencia. El objetivo era sacarlo y desviarlo de la verdadera visión y propósito por el cual Dios lo había llamado.

Esto es una gran reflexión, en efecto, el que es llamado a adorar y ser parte de la música de Dios, tiene que permanecer firme para poder enfrentar con poder y vencer toda clase de degradación y perversión que Satanás intente traer a su vida.

Hay algo que debes recordar, y es lo siguiente: el enemigo intentará contaminarte, y más cuando sabe que es Dios el que te ha llamado para servirle en su santuario y adorarle en su altar.

Cuando la persona que adora es contaminada, el verdadero sentido por el cual cantan y tocan se pervierte, esta es la razón por la que hoy día hay tantos músicos y cantantes que han perdido el sentido de su llamado, han caído en el plan sutil que el enemigo ha preparado para debilitarlos y contaminarlos progresivamente.

A Satanás no le preocupa que sigan cantando y tocando aparentemente para el Señor, si están contaminados por espíritus de placer y frutos de la carne, se están convirtiendo simplemente en metal que retiñe. En consecuencia, no logran producir ningún efecto en el mundo espiritual, y lo más peligroso de todo esto, es que sólo intentan encender fuego extraño sobre el altar en dónde sólo Dios, por medio de su Espíritu, lo tiene que encender.

Es más, hoy es muy común aceptar en muchos lugares a personas que tienen su corazón dividido, dicen cantar para el Señor, pero no tienen ningún inconveniente en cantar para el mundo. La Biblia es muy clara cuando dice que no puede un árbol producir toda clase de frutos, buenos y malos, como tampoco puede una fuente de agua hacer brotar agua dulce y agua salada a la misma vez.

Hoy es tiempo de consagración y de mantener una posición radical y no ceder a nada. Si no se tiene en claro el llamado de Dios, es mejor sentarse hasta que se tenga una profunda convicción en el Espíritu de que es Dios el que te llama a servirle.

Las mujeres y los hombres ungidos por Dios nunca comprometerán principios y fundamentos para ir en contra de la santidad de Dios. En realidad, esto es lo que significa la palabra santo, aquello que ha sido separado o apartado exclusivamente para depositarse en las manos del Todopoderoso y único Dios, sirviéndole todos los días para su gloria y honra.

El nombre de la mujer prostituta que estaba con zimri era /Cozbi/, que en el original hebreo quiere decir placer incontrolado o desenfrenado, esto tiene que ver con el principado de lascivia y lujuria.

Te has preguntado: ¿por qué la lanza atravesó el vientre de la mujer?, esto es algo profético, lo que Satanás quería hacer era depositar la semilla de maldad para que fuera engendrada y produjera tinieblas de mayor desenfreno de pecado y lascivia. No sólo era el resultado efectivo de aquella lanza, que había sido lanzada por la fuerza de la unción de Dios por medio de las manos de un hombre con una visión clara, la que logró destruir la semilla, sino el canal donde ésta iba a ser depositada.

Dios llama al hombre para ser el instrumento para que la luz de la verdad del Reino de Dios avance y haga retroceder las tinieblas.

Este acto de valor y destreza, en el Espíritu de Dios, que llegó a realizar Finees, lo llevó a ser parte de un pacto de paz para siempre; en la presencia de Dios.

A la vez, lo llevó a obtener el cumplimiento de la promesa de que él y su descendencia tendrían un sacerdocio a perpetuidad.

Dios está levantando a su Iglesia con una unción de intercesión y sacerdocio ante la presencia de Dios, pero la misma unción que capacita al hijo de Dios para ser un sacerdote determinado, también da la valentía para separar lo que es pecado y cubrirnos con la santidad, al igual que Finees. Para eso, se necesita atrevimiento, decisión; se necesita seguridad de lo que somos en Dios y de lo que Dios piensa de nosotros. Para poder determinar y hacer la diferencia entre la santidad y el pecado, se necesita una decisión real de principios que son inamovibles.

La santidad en acción visible, marca la diferencia

Dios le había dicho a Israel que no podían contaminarse con las mujeres de las naciones Madianitas o Moabitas, porque ellos adoran a Baal-peor, la deidad que era adorada en un monte que se llamaba monte-Peor.

Hoy día la iglesia de Jesucristo se rige hoy por principios, camina por convicciones sólidas en la palabra, estas son:

- Santidad
- Obediencia
- Sujeción
- Sometimiento

Cuando el enemigo intenta alterar, de alguna manera sutil y engañosa, estos sólidos principios, inmediatamente tenemos que determinar quiénes somos en Dios.

El hombre o la mujer que reconoce su sacerdocio y su posición como guerrero(a) en el espíritu, tiene que ser determinante, con principios inalterables; porque los principios de Dios son permanentes. No podemos altercar o claudicar en pensamientos diversos. Ni ser llevados como barco sin timón o como aquellos que no conocen el destino y los propósitos de Dios en sus vidas.

Estos principios los conocían Finees, Eleazar y Aarón, por tanto, debes entender que todos los que son llamados por el Dios de Israel, que es el Dios de la Santidad, revelado en el Nuevo Pacto por medio de la manifestación visible de Jesucristo, el Señor, son guiados a vivir en los mis fundamentos de santidad y consagración, o sea, separados para servir incondicionalmente al Todopoderoso.

Hoy la Unción del Espíritu Santo está impartiendo algo fresco y nuevo, mientras que muchos no se dan cuenta de lo que está sucediendo y viven desapercibidos, como si nada ocurriera. Finees entendió que al ver a este hombre en esa posición de pecado, estaba acarreando más juicio y más mortandad sobre Israel, por lo que no pensó dos veces en hacer lo que Dios le estaba mostrando.

Recuerda, cada vez que abras las puertas al pecado estás, inconscientemente, adorando a Baal-peor, y estás dejando que la contaminación y la abominación entren en tu vida. Es muy importante que analices tu vida delante de Dios todo el tiempo.

Toma tiempo para humillarte y pedirle a Dios que te haga un Finees delante de su presencia. ¡Dios los está buscando!

Finees representa estrategias

Finees no le dijo a Moisés, "mira Moisés, ¿está bien que tome la laza y haga lo que tenga que hacer? No. Él sabía cuáles eran los principios de Dios, y en base a esos principios, el comenzó a actuar como actuó Josué, o como actuó Caleb, o como actuaría cualquier valiente de David, o como lo haría cualquier hombre o mujer ungido por el Santo Espíritu en estos momento.

Finees es prototipo de una estrategia de guerra. Se necesita de muchos como él, no estamos refiriéndonos a hombres o mujeres impulsados por habilidades naturales, sino hombres guiados por el celo de Dios.

"Los Finees" de esta hora profética son aquellos que saben marcar la diferencia. Son valientes y determinados a establecer los principios divinos. No están esperando que el pastor les diga ¡hazlo!, sino que saben que el hacerlo es estrategia para poder avanzar en todo lo que tiene que ver con la obra, la iglesia, la multiplicación y salvación de las almas.

Habrá momentos en la vida que se tendrá que tomar la decisión correcta y pararse firme sin titubear. Cuando algo va contrario al propósito del Reino de Dios, la iglesia tiene que mantener una estabilidad y equilibrio; una forma de proceder y no amedrentarse por nada.

Hay personas que están más preocupadas en quedar bien con la gente, aunque ellos vayan en contra de lo establecido por Dios.

Por eso es que necesitamos los Finees, hombres y mujeres que no lo piensen cuando tienen que decir la verdad y marcar la diferencia, cuando tienen que llamar al pecado por su nombre y establecer principios de Reino.

Los principios del Reino son principios de equidad y de estabilidad, pero a la vez son principios de diferencia y de límites entre lo que pertenece a Dios y no le pertenece. Tú no puedes compartir con personas desordenadas, que no practican los principios de los cuales hablan o predican y están viviendo ajenos a lo que Dios está revelando en su misma palabra.

¿Tu eres de los que piensa que si nadie te ve hacer ciertas cosas no importa?, si tu respuesta es afirmativa, ¿te has detenido a pensar que Dios si te está viendo? Dios está viendo cuando tú dices sí, en el momento que tienes que decir no; cuando estás hablando lo que no tienes que hablar. Dios está viendo cuando tú estás pensando lo que no tienes que pensar y cuando te estás poniendo en una posición desagradable ante su presencia.

Finees significa "boca de bronce", es decir, que se observa, pero cuando se habla, es porque Dios quiere que se hable. Cuando Él lo permite, es porque va a ser para bendición, nunca para derrota ni para hundir, ni para contaminar o para afectar; nunca para debilitar, nunca para destruir, sino para determinar la bendición de Dios. De hecho, Finees fue más a la práctica y a la acción que a las muchas palabras. La gente usada por Dios es la que deja de hablar para hacer.

Hay dos cosas que llevó a Finees a tomar la lanza y determinar un principio de equidad de lo que Dios había establecido.

Dios dijo nada de Moabitas y nada de madianitas. Cuando Dios dice no, tu no digas sí, porque entonces vas en contra de lo que Dios ha establecido. Tú no puedes marchar en contra de lo que Dios establece, tienes que discernir, por el Espíritu, cuando Dios dice sí y cuando dice no. Finees entendió que Dios había dicho que no, que el pueblo no podía participar con Madián y con los Moabitas, y más que estaban en un lugar donde Israel comenzó a adorar a la deidad, en el monte peor. Como ya hemos visto, lo que nos lleva a perder la estabilidad, lo que nos lleva a perder el equilibrio en Dios, es cuando Satanás, en una forma sutil, nos conduce al monte de lo peor.

¡Levántense todo los ungidos del Dios Todopoderoso y proclamen estas verdades que son enviadas desde el mismo trono de Dios, como lanzas con todo el ímpetu y la unción de gloria y fuego!

El diablo no puede seguir atacando porque tenemos pacto con Dios y el pacto es de paz. En este caso, debemos decir: "en mi descendencia no faltará sacerdocio. Mi descendencia te servirá y nada me podrá detener porque yo he hecho pacto de perpetuidad con Dios".

"Hay una espada, una lanza poderosa en mis manos que tiene saeta de filo aguda, eso es para lanzarla contra todo poder de los demonios. Cuando la lanzo es efectiva para traspasar a cualquier demonio o espíritu maligno, incluyendo la destrucción por completo de sus obras y maquinaciones".

"Dios, proclamamos que hoy nos das nuevas y poderosas estrategias, creo que sobre mí se derrama la unción que levantó a Finees, para confrontar la maldad y el pecado".

Conclusión

Satanás está atacando sutilmente de todas las formas habidas y por haber, enviando a sus agentes camuflados. Nuestro consejo a pastores, ministros, líderes de intercesión y miembros de la Iglesia del Señor Jesucristo, es que oren continuamente para que el Espíritu de Verdad llene vuestro entendimiento. Reclamen las promesas que os guiarán a toda verdad. Indaguen sobre temas profundos y espirituales, para alcanzar cada día un mayor crecimiento en el conocimiento y gracia del Señor Jesucristo. Velen, de continuo, en la congregación, pidiéndole al Señor ser vigías espirituales efectivos, "cuidando los muros". Reclamen al Señor ojos de águila para poder ver en el espíritu, por medio del don de discernimiento, y detectar a tiempo toda obra escondida de Belial en la congregación de los santos.

No le tengan miedo a la liberación, ésta es pan para los hijos de Dios. El Señor quiere manifestar su plenitud a la Iglesia. No lo piensen más, tomen una firme decisión para ser guerreros en el espíritu revestido de la Unción del Espíritu Santo, para bendecir a otros. Recuerden, no dialoguen con la serpiente, ella es muy sutil y, sin darse cuenta, pueden ser atrapados en sus "encantos".

Pablo advierte muy firmemente en cuanto a esto, diciendo lo siguiente:

"Pero temo que como la serpiente con su astucia engañó a Eva, vuestros sentidos sean de alguna manera extraviados de la sincera fidelidad a Cristo. Porque si viene alguno predicando a otro Jesús que el que os hemos predicado, o si recibís otro espíritu que el que habéis recibido, u otro evangelio que el que habéis aceptado, bien lo toleráis"
2 Corintios 11.3, 4

Pablo comparó el peligro que enfrenta la iglesia con el engaño de Eva, por parte de la serpiente antigua, Satanás.

Cuando observen personas que contradigan las órdenes de los líderes, que hablen negativamente de las autoridades espirituales de la Iglesia, los cuales son los pastores y demás ministerios, indaguen acerca de ellos y observen su trasfondo espiritual. Amplíen sus conocimientos acerca del espíritu de Jezabel y el espíritu de Belial.

Les invitamos a hacer esta proclamación de victoria:

Hoy me levanto cual poderoso(a) y fortalecido(a) guerrero(a) espiritual, no dependo de mis fuerzas ni de mi habilidad natural, sino que dependo y siempre dependeré de la unción fresca y renovadora del Espíritu Santo en mi vida. Ningún espíritu enviado por Belial puede contaminar mi vida, ni separarme de la congregación donde el Señor me ha plantado, soy fiel a la visión, ayudando y uniéndome con mis pastores y el resto del liderazgo.

En el nombre de Jesucristo, cancelo y hago inoperante toda palabra enviada por Belial contra mi vida, familia e iglesia, él no me puede tocar ni dañar, estoy cubierto(a) con el poder de la sangre del Cordero de Dios. No tengo porque temer, nada me detiene, me levanto cada día en un mayor nivel de victoria y de revelación, para que todo lo que Dios ha determinado para mí y el resto de mi familia se lleve a cabo, estoy llamado(a) bajo un destino de bendición, alcanzado el propósito de Él en mi vida.

Por tanto, yo renuncio a la apatía, la indiferencia, el desaliento, el desánimo, el conformismo, la negatividad, la murmuración, la crítica y todo aquello que sólo tiende a contaminar y dañar.

Mis oídos se cierran totalmente para no oír las voces extrañas enviadas por Belial y sus mensajeros, sólo mis oídos se abren para escuchar la voz de Dios y su Santo Espíritu.

Declaro que soy llamado(a) para vivir en santidad, amar la vida de consagración, responsabilidad y compromiso, para que, en cada área de mi vida, sea llevada a cabo la voluntad de Dios.

Ahora mismo, todo lo que hablo, hago y toco es para bendición, sólo seré el instrumento que el Señor de gloria y poder quiere utilizar para su honra. Reconozco que soy un vaso de barro en donde el tesoro de Dios se ha depositado, y esto es lo que me transforma en el templo del Espíritu Santo, haciéndome uno(a) con Cristo, jamás con Belial.

Declaro y establezco todo esto en el nombre de Jesucristo, nombre que es sobre todo nombre; el único y verdadero Rey de Reyes.

Bibliografía

Biblia de Estudio Arco Iris. Versión Reina-Valera, Revisión 1960, Texto bíblico copyright© 1960, Sociedades Bíblicas en América Latina, Nashville, Tennessee, ISBN: 1-55819-555-6.

Biblia Plenitud. Versión Reina-Valera, Revisión 1960, ISBN: 089922279X, Editorial Caribe, Miami, Florida.

El Pequeño Larousse Ilustrado. 2002 Spes Editorial, S.L. Barcelona; Ediciones Larousse, S.A. de C.V. México, D.F., ISBN: 970-22-0020-2.

Reina-Valera 1995 - Edición de Estudio, (Esta-dos Unidos de América: Sociedades Bíblicas Unidas) 1998.

Strong James, LL.D, S.T.D., *Concordancia Strong Exhaustiva de la Biblia*, Editorial Caribe, Inc., Thomas Nelson, Inc., Publishers, Nashville, Tennessee - Miami, FL, EE.UU., 2002. ISBN: 0-89922-382-6.

The Tormont Webster's Illustrated Encyclopedic Dictionary. ©1990 Tormont Publications. Pages 255-266.

Vine, W.E. Diccionario Expositivo de las Palabras del Antiguo Testamento y Nuevo Testamento. Editorial Caribe, Inc./División Thomas Nelson, Inc., Nashville, TN. ISBN: 0-89922-495-4, 1999.

Ward, Lock A. Nuevo Diccionario de la Biblia. Editorial Unilit: Miami, Florida. ISBN: 0-7899-0217-6, 1999.

Books Jezebel vs. Elijah, escrito por Bree M. Keyton. Biblia de Estudio Arco Iris. Versión Reina Valera, revisión 1960. Coypyright © 1995, Broadman & Holman Publishers, Nashville, Tennessee. ISBN: 1-55819-555-6 (Rainbow Study Bible, Broadman & Holman)

Biblia Plenitud. 1960 Reina-Valera Revisión, Copyright© 1994, Editorial Caribe, Miami, Florida. ISBN: 089922279X

Biblia Anotada por Scofield, 1960 Revisión Reina-Valera Copyright © 1987   Publicaciones Españolas. (Scofield Bible)

El Pequeño Larousse Ilustrado, Copyright © MCMXCIX Ediciones Larousse de Colombia, LTDA, Santafe de Bogota, D.C. Colombia. ISBN 958-8058-02-3

Douglas, JD, Hillyer, N; Nuevo Diccionario Bíblico; copyright © 1982 Universities and Colleges Christian Fellowship, Leicester, Inglaterra, © Ediciones Certeza, CIEE Comunicaciones, Quito, Ecuador. ISBN: 9978972029

Keyton, Dr. Bree M., Jezebel vs. Elijah, Copyright ©
    2001 Black Horse Press, San Diego, California.
    ISBN: 9781582750521

Vine, W.E. Diccionario Expositivo de las Palabras del
    Antiguo Testamento y Nuevo Testamento.
    Editorial Caribe, Inc. /División Thomas Nelson,
    Inc., Nashville, TN, ISBN: 0-89922-495-4, 1999.
    (Vine's Expository Dictionary of Old and New
    Testament Words, Thomas-Nelson, Inc.)

La Biblia de Referencia Thompson, Versión Reina-
    Valera 1960 copyright © 1987 The B.B. Kirkbride
    Bible Company, Inc. Y Editorial Vida, Miami, FL.
    ISBN: 0829714448 (original The Thompson Chain
    Reference © 1983 The B.B. Kirkbride Bible
    Company, Inc., Indianapolis, Indiana.)

Biblia de Estudio MacArthur, Version Reina-Valera
    1960 Copyright © 2004 Editorial Portavoz, filial
    de Kregel Publications, Grand Rapids, MI. ISBN:
    08254-1532-2 (original The MacArthur Study
    Bible, © 1997 Word Publishing, Thomas Nelson,
    Inc. Nashville Tennessee.)

www.blueletterbible.com

www.wikipedia.com

LIBROS QUE TRANSFORMAN,
con la *LLAMA* de la VERDAD...

JVH Publications
www.jesusvivehoy.com
(954) 450-2325